30 YEARS OF
FAW-VOLKSWAGEN

创变·启新

一汽-大众三十年

焦捷　万军　赖致远　韦政伟

——著——

清华大学出版社

北 京

内 容 简 介

本书从发展历程、组织体系、制胜之道三个不同方面出发，全景式地展现了一汽-大众坚韧不拔、昂扬奋进的精神风貌，深入剖析了一汽-大众立足国产化经营铸就体系能力、创变自强的战略举措，着重探讨了一汽-大众顺应改革开放历史潮流获得斐然成就的根本原因。在一汽-大众成立 30 周年之际，本书由清华大学国有资产管理研究院作为主创团队正式撰写完成，是对这家著名国有合资汽车企业抉奥阐幽的调研成果。本书也成为清华大学国有资产管理研究院加深探索、研究国有资产管理理论与实践的重要一步。

图书在版编目(CIP)数据

创变·启新：一汽-大众三十年 / 焦捷等著 . —北京：清华大学出版社，2021.2
ISBN 978-7-302-57497-2

Ⅰ.①创… Ⅱ.①焦… Ⅲ.①汽车企业－工业企业管理－经验－长春
Ⅳ.① F426.471

中国版本图书馆 CIP 数据核字 (2021) 第 014981 号

责任编辑：杜　星
封面设计：李伯骥
版式设计：方加青
责任校对：王荣静
责任印制：杨　艳

出版发行：清华大学出版社
　　　　　网　　　址：http://www.tup.com.cn，http://www.wqbook.com
　　　　　地　　　址：北京清华大学学研大厦 A 座　　　　　邮　　编：100084
　　　　　社 总 机：010-62770175　　　　　　　　　　邮　　购：010-62786544
　　　　　投稿与读者服务：010-62776969，c-service@tup.tsinghua.edu.cn
　　　　　质 量 反 馈：010-62772015，zhiliang@tup.tsinghua.edu.cn
印 装 者：小森印刷（北京）有限公司
经　　销：全国新华书店
开　　本：170 mm×240 mm　　印　张：15.25　　字　数：181 千字
版　　次：2021 年 2 月第 1 版　　印　次：2021 年 2 月第 1 次印刷
定　　价：128.00 元

产品编号：091454-01

谨以此书向一汽－大众成立三十年来为企业
发展作出卓越贡献的汽车人们致敬！

序言
FOREWORD

追根溯源，我与一汽 - 大众结缘是在 2007 年。那时我刚刚回国，第一辆车就选择了以"皮实""耐用"而著称的一汽 - 大众的产品，成为这家合资企业的顾客。迄今 13 年，小车吃苦耐劳、任劳任怨地服务，未出大的故障，因此对一汽 - 大众的产品质量，作为车主的我深以为然。

缘起之后，我与一汽 - 大众的逐渐缘深在很大程度上基于本人对中国支柱产业，尤其是汽车行业的关注、研究和分析。自 2010 年秋季学期，我为清华经管学院 MBA 同学开设"洞悉支柱产业"和"知行合 一·中国产业探究"系列课程，首发课程即为"由中国车企看世界汽车产业"，引导 MBA 同学对国内汽车行业中的头部企业的战略管理、市场营销、研发、生产、人力资源等进行深度比较、分析和研究。一汽 - 大众作为中国汽车市场最重要的合资公司，自然成为课堂上经常研讨的对象。

2018 年，我的研究团队遇到一次近距离了解一汽 - 大众的机会。中国汽车市场群雄纷争，波诡云谲，"新四化"的机遇与挑战同时开始呈现；奥迪在保持豪华车品牌市场领先份额的同时也不断思考新的升级战略。在这样的背景下，我们研究团队深入一汽 - 大众，全面了解其所属奥迪品牌在中国市场的发展历程，并从独立视角开发了三个商业案例，深度解读奥迪在中国市场发展的三个阶段。这三个案例入选中国工商管理案例库（中文）和哈佛大学商学院案例库（英文），成为商学院最受欢迎的案例之一。之后，一汽 - 大众的发展就一直成为我们关注和研究的对象。

2019 年，全球汽车市场面临日益激烈的挑战；2020 年突如其来的新冠疫情更使汽车市场雪上加霜，但一汽 - 大众在如此逆境中逆势上扬，包揽各月度冠军，前 9 个月累计销量更是达到了 147 万辆。

"合抱之木，生于毫末；九层之台，起于累土"，历经 30 年的发展，一汽 - 大众取得了令人瞩目的成绩。那么，一汽 - 大众走过的道路有什么值得借鉴之处？我们能获得什么启发？带着这些问题，本人所负责的清华大学国有资产管理研究院再次组织了研究课题组，对一汽 - 大众进行了近一年的跟踪调研，采访了近百人次，翻阅了大量原始资料。一个优秀的公司愈发清晰立体、生动鲜活地呈现在我们眼前。我认为，一汽 - 大众的成功至少可以从以下几个方面给我们以启示：

中国的改革开放为一汽 - 大众提供了千载难逢的历史机遇，造就了一汽 - 大众这样一家优秀的国有控股的合资企业。一汽 - 大众成立于 1991 年，正值改革开放全面扩大之际，引进了德国大众这样的理想合作伙伴。从成立迄今，一汽 - 大众跨越、经历了整整 30 年改革开放的历史阶段，合资合作取得了共赢，成为改革开放的最大受益者。在漫长的合资合作过程中，一汽 - 大众不仅自身的受益成长十分突出，而且为消费者、供应商、相关产业乃至社会经济都带来全方位的获益、成长及提升。放到世界潮流的大环境看，双方合作可以上升到国家合作的层面与高度，成为改革开放进程中中外合作历史潮流中的一个缩影。正如一汽 - 大众人所说的"没有改革开放，就没有一汽 - 大众，更没有一汽 - 大众的今天"。

序　言

　　在计划体制向市场体制过渡的历史时期，一汽－大众逐步转变思想观念，克服僵化体制，建立严格的现代企业管理制度。一汽－大众成立早期，领导层即组织总经理办公室人员集体上课，课堂深入浅出，用漫画描绘"油瓶子倒了，谁先扶"的主题，指出国企中长期存在的责任推诿的弊端。一汽－大众起初采用的是计划经济体制下的经营管理办法，生产制造主要依靠计划指令，常与市场实际需求不匹配，甚至相违背。早先，一汽－大众的销售权归属于一汽集团，包办卡车、轿车一切产品在内的销售。转变思想观念后，一汽－大众随即付诸行动，首先整改销售部门，将它剥离出来，培育市场机制，使其与市场需求紧密相联系，力争效益第一。一汽－大众最早引进、布局IT系统SAPR3也是转变观念的结果，比如，在实践中改变了油漆线进入总装、车序计数离不开人工的局面。以此为基础，一汽－大众全面开展了针对主要职能部门的根植塑造协同力、体系力的基础建设，企业整体经营管理能力产生了脱胎换骨的变化，有力地支撑企业竞争和发展。

　　在合资大背景下，一汽－大众不断发展，逐步适应国产化的需要，开辟一条自主研发的国产化道路。一汽－大众在发展初期，即面临着来自内外部的诸多挑战。从内部看，一汽－大众最主要承受着技术、质量和成本压力；从外部看，一汽－大众面临着诸如汽车行业技术更新快速迭代、原材料市场频繁波动、国际汇率反复变化等一系列充满不确定性的挑战。而其中，内部的技术、质量、成本压力是伴随合资企业成立后难以摆脱的"先天顽疾"。合资之初，德方为了保证德系车的精湛工艺与可靠质量，在零部件、技术等方面对中方有诸多

V

限制，但这种限制一方面造成产品本身水土不服，不适应中国消费市场，另一方面也导致成本高企。在这种情况下，一汽-大众敢于破局，昂首迈出了国产化道路的第一步，显示出一汽-大众作为一家合资企业的远见和胆识。当然，走国产化道路并非一帆风顺，需要在争取自主发展的过程中促成良好的合作关系，在维系良好的合作关系中争取更为独立自主的发展位势。细心的读者将会从本书中读到，一汽-大众提供了中外合资企业管理的成功典范。

一汽-大众还激活了国企内在的优势基因，不断发扬光大，铸就了合作共赢的局面。漫长的30年，一汽-大众不但创造了物质财富，更积累起宝贵的精神财富。一汽-大众的企业文化包括早期形成的、长期积累的精神品质，带有一汽集团先天固有的文化属性、血脉基因，如拼搏精神、学习精神、合作精神、理想信念、坚强领导、科学决策、机遇把握等。同时，一汽-大众还有意识地对自身企业文化进行经验总结、全盘考虑，融合提升各方面因素，实行全面的企业文化建设，提出了使命、愿景、核心价值观、企业精神和经营理念，形成独特的企业文化战略，对企业发展起到了至关重要的凝神聚力作用。其中，以"诚信创造价值，尊重成就共赢"作为核心价值观，为进一步发展中德双方的合资合作关系提供了坚实保障。应当说，在合资合作的进程中，起初双方不免存在摩擦抵牾，但随着核心价值观"诚信创造价值，尊重成就共赢"的日益深入人心，中方团队不但坚持以更高的标准严格要求自己，而且坚持从合资企业大局出发，求同存异，诚信尊重，在合资成长中求共赢，在长期合作中谋发展。日积月累，勠力同心，最终取得了企业30年的斐然成绩。

序　言

一汽－大众领导层面对复杂的局面、多变的形势，审时度势，与时俱进，激发人的潜能，创变前行。

成功企业之所以成功，往往是毫无例外地善于把握规律、预见变化，并及时总结经验，因势利导，应时变化，逐渐取得胜出竞争者的领先态势。回首三十载，一汽-大众上下一心，发奋图强，不断把握机遇，迎接挑战，摆脱了发展初期依赖进口的被动局面，建立制度，再造流程，始终立于时代发展的潮头。这其中一个很重要的原因是，一汽-大众的几代管理者都善于在动态变化的环境中，审时度势，充分调动发挥员工的积极因素与主观能动性，不断实施因变、渐变、创变，不断自我挑战、自我提升、自我嬗变，不断整合资源、提升动态能力以应对复杂多变的外部环境。可以说，持续地创变和启新极好地诠释了一汽-大众的动态能力之源，而其精髓归根结底恰在于"人"的战略前瞻性和主动性。

一汽-大众30年的发展蒸蒸日上，迭创佳绩。面对全球汽车业风起云涌的变革大潮，我们有充足理由相信，一汽-大众基于30年积累的体系能力，必将迎来更加广阔、更为灿烂的发展前景，迈向"新四化"时代"铸力造车"的美好明天。

本次调研、整理与创作工作接近尾声之时，正值中央十九届五中全会刚刚闭幕。中央对于加强国有资产管理和保值增值提出了更新更高的要求。全会提出，深化国资国企改革，做强、做优、做大国有资本和国有企业。这为激发国有企业活力进一步指明了方向。而以开放共赢的心态，加强国际合作，提升国有企业效率和效益，更是国家固基强本的重要举措。一汽-大众作为最成功的中外合资企业之一，其过去30年的"创变"历程对于国内汽车行业和其他行业的企业都具有重要的借鉴意义，而其未来的"启新"之旅同样令人期待。

清华大学国有资产管理研究院是清华大学在财政部、教育部的支持下为加强国有资产管理理论与实践研究、完善国有资产管理体制、推进国有资产治理体系和治理能力现代化而共同发起成立的高水平研究机构，致力于深度服务国家改革创新。我们将继续加强对于其他国有企业及其他类型国有资产的深入研究，在国有资产管理的理论创新、体系与制度的建设和完善、政策布局与实践、管理模式与方法创新等方面持续作出贡献。

2020 年是极不平凡的一年。面对严峻复杂的形势，我们齐心协力，砥砺奋斗，经历了重重考验，目前正以昂扬进取的姿态，即将开启崭新的 2021 年。在此，本人和研究团队祝福一汽等所有中国企业持续创变启新，也谨将此书献给母校清华大学——祝贺母校清华建校 110 周年！祝福母校清华永远年轻、日新月异、再创辉煌！

2020 年冬　焦捷于清华园

在此，对所有参与前期调研和本书编写的同学与老师，包括博士生马紫君、毛日宏、朱彬海、李琦、张紫薇、苗硕、段沛东、徐海鹏、高远深、董美辰，硕士生孙峻梓、杨丰典、蒋嘉怡，本科生范伟骏，清华经管学院中国工商管理案例中心余俊、赵子倩、郭佳老师（按姓氏笔画排序）深致谢忱！

目录
CONTENTS

第一编　应时奋进

004　筚路蓝缕，风雨初歇
　　——筹备起步期（1988—1996 年）

006　雷厉风行，果断决策促大业

009　严谨务实，利析秋毫致精细

013　忘我拼搏，艰苦奋斗开宏局

017　基业初起，砥砺前行有远谋

021　盛食厉兵，风姿初现
　　——夯实基础期（1996—2006 年）

023　经营构方略，企业重文化

027　迈向国产化，建设新流程

032　质量控制关，管理是关键

035　人力成体系，技术靠积累

038　营销向市场，品牌筑体系

046　振足万里，风华正茂
　　——全面发展期（2006—2017 年）

046　狼堡签约提产，全国布局起航

049　西南布局产能，桃乡摇身车城

054　华南跃进智造，佛山腾笼换鸟

059　青山就是金山，区域迈进全国

062　战略体系初建，社会责任当先

066　化蛹成蝶，风起云涌
　　——深化创变期（2017 年至今）

066　所在即是巅峰，未来皆是征途

070　引领"新四化"潮流，探索新兴业务

074　拓展车后市场，补齐传统短板

076　数据驱动赋能，敏捷导向转型

082　重组文化基因，保障持续发展

087　助力伙伴抗疫，彰显文化韧性

090　重新审视未来：敢问路在何方？

第二编　厚植创变

097　采购体系

097　艰难采购路，跋涉见坦途

106　挑战存机遇，未来应可期

目　录

113　生产体系

113　"汽车迁徙"背后的全国生产布局

115　一汽 - 大众现场生产管理体系

117　面向未来工程

119　定制化与柔性生产

122　供应链透明化：神奇的 E-lane

125　打造"开源节流"的生产体系

127　2025 战略引导生产体系发展

130　质保体系

132　研发质量管理

134　项目质量管理

137　批量生产质量管理

140　售后质量管理

150　研发体系

151　提高国产化率，带动汽车产业发展

154　推进国产化进程，建立全价值链研发体系

160　应对"新四化"，开启新征程

169　人力体系

169　内外多举兼收，真诚广纳贤才

171　立足现代管理，构建人力体系

176　坚持培训之路，升级职业教育

179　企业文化聚力，转型常规皆变

183　　**营销体系**

183　　践行营销理念，修炼彰显内功

184　　务实：用户至上，相生共赢

185　　灵活：本土化、区域化、数字化

187　　创新：探索"红海蓝湾"

189　　围绕营销战略，动态因应万变

第三编　创变制胜

206　　**求变方能成功**
　　　　——汽车发展史即是动态竞争史

212　　**风景独好 30 年，创变诠释优异动态能力**

后记

第一编

应时奋进

2020 年上半年，肆虐的新冠疫情，犹如密布的阴云，笼罩蔓延。全球车市共此凉热，一片萧条，世界汽车产量预计下降 20%。4 月疫情高峰时，欧洲汽车市场的总体产量甚至下降了 90%。

　　至暗时刻，希望之火在古老的东方大地上燃起，中国再次肩负起大国担当，战疫告捷，病魔消遁，经济回升。中国汽车市场自 2 月触底以来已成 V 形反转之势，并已连续 6 个月实现单月产销正增长，上半年一举拿下全球 32% 的汽车销量，成为全球范围恢复最早、恢复最快的汽车市场。

　　9 月 26 日，2020 年全球唯一 A 级车展在北京召开，大众、奔驰、丰田、福特、保时捷等 30 多个国际主流汽车品牌亮相，一汽、东风、上汽、吉利等国内主要车企无一缺席。

　　北京车展上，一汽 - 大众汽车有限公司（以下简称一汽 - 大众）携强大的产品阵容盛大登场！全新奥迪 Q5L Sportback 迎来全球首秀。独特的轿跑造型设计，动感与优雅共存；全新 3D 立体式八边形蜂窝状进气格栅，释放强烈运动气场；灵动优雅的车顶线条，营造出动人的惊鸿侧颜；2.0 TFSI 发动机，百公里加速时间仅为 6.8 秒，为用户带来无与伦比的体验。而第八代高尔夫——全新数字高尔夫也首发亮相，车载以太网技术，核心功能模块传输效率达到 100 m/s；内饰双联屏的设计与中控区域形成分离，独立屏幕产生的强烈悬浮感形成了全新的 Floating Design 设计构架；全触控的操控方式让一切操作都触手可及，数字化的设计语言通过含蓄且锋锐的表达方式，散发出充满能量、活力四射的极致美感。

一汽－大众的从容自信源于其植根中国市场 30 年体系能力的精金锻造,虽然 2020 年的中国车市笼于疫情阴霾,但一汽－大众逆势突围,在一片惨淡中异军突起。连续包揽月度销量冠军,前 9 个月累计销量更是达到了 147 万辆。疫情之下,一汽－大众业绩上扬,遥遥领先,其卓异表现可谓"凭高借势,建瓴而下",产销势能、品牌价值之强大尽显无余,其造福社会,奉献国家,积厚流广,为世人所称道、所赞誉。"千里之行积于跬步,万里之船成于罗盘",一汽－大众如今的斐然成绩绝非偶然,这是一条荆棘密布、崎岖坎坷的艰辛道路,只有无畏的攀登者于登顶雄峰之际,才会有那种志在九霄、功在不舍的慨叹。时光荏苒,川不停留,当年,一汽－大众人顺应时代潮流、拼搏奋斗的身影犹在,而今匆匆已过 30 载,这 30 载带给了人们以何种深刻启示?让我们回望历史,翻开旧页,循着足迹去探看过往的一切,去寻找一汽－大众获取成功的答案。

筚路蓝缕，风雨初歇
——筹备起步期（1988—1996 年）

　　1987 年，改革开放将届十载，全面经济体制改革的号角已吹响。10 月，党的十三大召开。当时，经过十二大以来 5 年的加速发展，长期困扰中国的一些严重社会经济问题逐渐得到解决，但伴随着新旧体制的转轨，社会总需求远远超过社会总供给，社会生产能力支撑不了日益膨胀的社会消费需求。

　　改革开放前，国内汽车工业生产力不强，轿车的定位也只是"官车"，是各级政府官员的座驾。随着改革开放的日渐深入，民用车市场逐渐起步。然而，诚如十三大报告指出，社会生产能力支撑不了日益膨胀的社会消费需求。在民用车市场上，国内没有质量过硬的产品和大规模的生产能力，只能靠整车进口来满足不断扩大的市场需求，外汇流失严重；同时由于关税和外汇管制的原因，走私猖獗，给国家带来巨大的经济损失。

　　为了应对民用车市场的紧张局面，国家加紧出台政策鼓励并规划中国的轿车工业发展。1987 年 8 月 12 日，中央在北戴河召开会议，决定建设一汽、二汽、上汽和北汽、天汽、广汽"三大三小"共 6 个轿车生产基地。1989 年年底,《关于我国轿车工业的发展战略》正式出台,设置了汽车销量、生产数量、技术水平、产品发展、资金投放等一系列战略规划及目标。1991 年 4 月,全国人大七届四次会议通过"八五计划"纲要,明确提出:汽车制造工业在整个经济发展中占有重要地位,应当在全国范围内统筹规划,合理布局,促使其健康发展。

中国汽车工业相对薄弱,进口车成为轿车主流,而且以日本车型为主,当年日本汽车厂商来到北京,发现满街尽是丰田、本田、日产等轿车,他们直抒感受:仿佛回到了东京! 20 世纪 80 年代中期,中国汽车产业史迎来第一次合资浪潮。上汽结束了与德国大众 6 年的漫漫谈判路,于 1985 年成立上海大众汽车公司,同期诞生的还有北京吉普、三江雷诺、长安铃木等一系列合资车企。这批车企引入国外先进生产技术和管理理念,由传统造车走向现代化造车,极大提升了中国汽车的产量和质量。

一汽高层曾在 20 世纪 80 年代初探索合资办厂的可能,80 年代后期,国家计委作出"八五"期间一汽合资项目先起步,并逐渐实现年产 15 万辆的生产纲领的决定。中央的支持坚定了一汽人引进国际一流汽车品牌、合资办厂的战略意图:借助国际品牌先进的管理制度和技术体系,建设高水平的现代化轿车生产制造平台,同时切合十三大报告精神,不仅要推进中国传统汽车产业革命,也要迎头赶上世界汽车新技术革命,一汽不仅要成为中国民用轿车市场上的先行者和领跑者,更要促进民族工业现代化,助力中国汽车工业冲向世界巅峰。一汽 - 大众的传奇,即将开始。

雷厉风行，果断决策促大业

作为刚确定的"三大"轿车生产基地之一，中国一汽15万辆国家级轿车项目已紧锣密鼓、箭在弦上，8000亩（一亩≈666.67平方米）的轿车征地平整如新。时任一汽总经济师吕福源正领队赴美，与美国克莱斯勒公司的整车商务谈判恰在折冲樽俎之际——同世界级汽车企业合作、启动大平台现代化轿车生产是其宏愿。获知这一情况，德国大众集团总裁哈恩博士立即主动给中国第一汽车制造厂厂长耿昭杰发送传真……

1987年10月20日，哈恩博士和奥迪公司总裁皮耶希博士乘坐的飞机降落在长春大房身机场，在厂长耿昭杰、党委书记李玉堂以及一汽主要领导的陪同下展开了为期7个小时的参访活动。在会议室，双方落座，开始交谈。不久，耿厂长曾短暂离席，而这少陪片刻的一通电话，便终止了一汽与克莱斯勒几乎陷入僵局的谈判。虽然一汽刚选择了克莱斯勒公司的"道奇600"发动机，但其交换条件是，以相对廉价买断整个发动机工厂。发动机购买合同已签，而进入整车谈判后，美国人忽然坐地涨价，试图胁迫一汽支付高价——仿佛"你已势成骑虎，如今又奈我何"。岂知，除了道奇车之外，德国大众公司的奥迪轿车以其优美的外观设计、领先的时尚元素早已纳入一汽人的视野，这确是中高级轿车的理想选择！耿昭杰厂长正考虑与奥迪取得接触。

耿昭杰厂长向哈恩博士赠送了一幅东北虎图，寓意为"老虎下山，势不可挡"，二人友好的双手也紧紧地握在了一起。那一刻，又有谁能料到，从此开启了中国一汽与德国大众之间一场极富远见、珠联璧合的伟大合作。

首次访问一汽圆满结束，哈恩博士离开长春。登机前，一本名为《哈恩博士在中国一汽》的精美相册交至他手中。这本相册满载着刚刚过去7小时的美好回忆。30多年前它的得来并不容易，冲洗、装帧、撰文……无一不显露出一汽人的快捷、诚意与执着。这本相册不仅寄托着一汽人对双方未来合作的殷切期待，更突显了一汽人雷厉风行的高效作风和一往无前的果断决心，昭示出一汽人服膺振兴中国轿车骏业的使命与重责。初次谋面，一汽人的诚挚厚意感动了哈恩博士。（见图1-1）

图1-1　1987年10月19日原大众集团总裁哈恩博士访问中国一汽

然而，道奇发动机已经到货，又不能弃之不用。此时，耿昭杰厂长向哈恩博士提出条件，请德国人将一汽已购回的"道奇600"发动机安装于"奥迪100"车身。德国大众公司如能办妥，一汽愿与德国大众合作。己家车安装他家发动机，这在德国大众闻所未闻，尚无先例，但哈恩博士毅然决定破例。随后，一汽总工程师林敢为率队赴德国试车，深切体会到其精湛的工艺技术，回国之后经过投票，最终确定与大众合作。1988年8月24日，耿昭杰厂长带团赴德国，与时任大众集团总裁哈恩博士在德国狼堡签署《一汽与大众公司长期合作备忘录》，明确双方组成工作组，从3万辆奥迪轿车先导工程入手，进行15万辆轿车合资项目的前期可行性研究工作。（见图1-2）

1988年5月，中国汽车工业总公司在一汽74栋召开轿车研讨会，商讨资金落实问题，坚决推进一汽、二汽上轿车的速度。时值改革开

图 1-2 1988 年 8 月 24 日耿昭杰厂长和哈恩博士签署《一汽和大众公司长期合作备忘录》

放不久，一汽与国家实行利润承包制。一汽需要自筹资金上 15 万辆轿车项目。那天半夜，耿昭杰厂长派人把时任一汽财务处主管财务的负责人召至 74 栋，果断要求当场算账，筹措 15 万辆轿车的资金。当时，一汽财务拮据，困难重重，先导工程意味着引进德国大众的技术，组装生产奥迪轿车，是合作上大项目的总前提，如果大项目谈成，先导工程的技术转让费即可免除。基于此，财务管理处迅速决定从先导工程的技术转让费着手，从 1991 年直至 1997 年，计算回收资金总额、上缴国家利润份额、企业留存金额。通过一宿未眠，账务管理处人员把建设 15 万辆轿车合资项目的第一笔账草就完毕，一张泛黄 A3 纸的上面已写满了密密麻麻的数字。

早在 1979 年，饶斌就率领上海汽车工业代表与德国大众敲定了"上海轿车项目"，引进轿车装配线放到上海。但由于当时国家经济困难、德国大众经营亏损、国内有人反对合资经营、法制不健全下的合同谈判困难等多重因素影响，上海与大众的谈判花了整整 6 年，直到 1985 年才正式成立上海大众汽车公司。反观一汽，从耿昭杰厂长见上哈恩博士到一汽与大众确定合作只用了不到 7 个小时，从哈恩博士访问长春到中德双方签订可行性研究报告只过了不到两年时间，吕福源、林敢为先后率队的中德合资公司合同谈判更是仅用了 11 个月，一汽人雷厉风行果断坚决的企业精神在与大众的合作中一览无遗。也许正是基于对机遇的透彻理解与准确把握，决策果敢的一汽人才能迅速实现了与德国大众的合资合作，铸就了之后 30 余年的传奇。

严谨务实，利析秋毫致精细

在可行性研究中，最大难点是投资问题。1989 年 1 月 3 日，一汽的几个项目小组乘火车去德国谈判。德国人推出生产高尔夫 A3 的方案，总投资额达 30 亿马克，相当于人民币 55 亿元。而一汽的期望值是 30 亿元人民币，以当时德国马克对人民币 1.9857 的汇率，在预期总投资上双方相差 1 倍。而且一汽志在控股、股比方面双方矛盾更为突出。谈判难度之大，可想而知。其中涉及具体问题，比如，一汽坚持用价廉的国产设备，德国人认为国产设备质量难以保障。商务组争执激烈；牵涉成本问题，包括中方人员的工资待遇，又往往各不相让。

虽然谈判场上交锋激烈，但为了从技术角度确定产品的引进，针对捷达、高尔夫，适应性道路试验已经有条不紊地展开了。一汽长春汽车研究所的工程师们在国内做了一年近 3.3 万公里的道路试验，验证中国从北到南、由东至西的路面、交通状况，实证考察气候环境及油品质量、驾驶习惯等各种情况。从德国直接运来两个车型 6 辆车，即捷达、高尔夫各 3 辆，直接参与路试。最初，德国大众建议将高尔夫定为第一款合同产品，15 万辆轿车合资项目也称为"高尔夫项目"，随着项目可行性研究的深入，加之中国各地路试问题反馈显示：中国人不喜欢两厢车，"看上去像大头鞋"。而且生产高尔夫，投资额度太大，一汽难以承受。

经过一年多的可行性研究，一汽管理层审时度势，改变了最初的设想，转而采用较为实际的建设方针。厂务会研究决定：将合资公司生产的首款产品由原先德国大众建议的高尔夫 A3，改为捷达 A2，这样可以大大减少投资，并利用二手模具和已停产废弃工厂（美国威斯摩兰工厂）的二手设备，降低投资成本，加快出车速度，最后把一汽-大众的投资定为 42 亿元人民币。这个看似退而求其次的权宜之计，却最终用时间证明了一汽人的眼光：进入中国市场 28 年后的 2019 年，捷达不辱使命，从一款车变成了一个品牌。1989 年 7 月 26 日，一汽和德国大众公司在《15 万辆轿车合资项目可行性研究报告》上签字。一汽人以严谨、务实的精神把 15 万辆轿车项目一步步向前推进。（见图 1-3）

图 1-3　1989 年 7 月 26 日，中国一汽与德国大众在完成后的可行性研究报告上签字

从财力方面衡量，当时的合资双方并不对等。一汽欲购买德国大众大量昂贵的奥迪散件，耗费外汇，而德国大众在美国威斯摩兰的工厂已经停产，设备闲置，且正待处理，双方谈成以技贸相结合方式实现合作的巧妙办法，各取所需，对双方都有利。德国大众的美国威斯摩兰工厂建于20世纪70年代石油危机之时，这座工厂生产的高尔夫轿车一度成为全美最畅销的汽车，到80年代后期，由于石油危机结束，以低油耗见长的高尔夫产品市场不断萎缩，到1988年底工厂停产。这座年产30万辆轿车生产能力的工厂，主厂房有26万平方米，仅焊装车间就有13条自动焊装线，611台设备，其中有62台焊接机器人。当德国大众决定关闭威斯摩兰厂时，正是一汽和德国大众开始进行15万辆轿车项目可行性研究的时候，德国大众北京代表处促成了一汽管理层决定购买威斯摩兰工厂。

耿昭杰厂长强调："将威斯摩兰厂的设备搬运回国，用于15万辆轿车生产，既可节省投资，又能将焊接工艺水平提高一步，使我们的轿车生产接近80年代的国际水平。"如果用购买威斯摩兰厂的二手设备来生产捷达A2，不仅能减少投资，更重要的是能大大加快轿车规模化生产的进度。

购买威斯摩兰厂的决策既定，一汽派出了时任总经济师的吕福源和外经处副总工程师李光荣，由这两人组成的代表团赶赴德国，与大众公司就购买威斯摩兰厂设备问题进行会谈。德方一开口要价3900万美元，但吕福源手上只有2000万美元外汇额度，当年外汇由国家统一管控，并无余地。谈判艰难进行了21天，双方在2500万美元的关口相持不下，谈判难以为继，吕福源、李光荣无奈之下，已买好了回国的机票。

意想不到的是，事情却峰回路转，出现了转机。一天，德国大众的几名员工在闲聊。由于奥迪新车型的开发未能及时跟上，他们担心德国大众会因为达不到保本点而裁员。吕福源立即抓住这一"说者无心，听者有意"的信息，向对方谈判人员亮出提议：互相纾解困难，在未来几年以最大用户身份购买奥迪车散件（当时国家计委有此计划），作为交换条件，将威斯摩兰工厂免费相送。对方一听也豁然开朗，旋即向董事会汇报。于是，又一番讨价还价，一汽增购 14 500 台套奥迪 100 的 SKD（部分散件生产）和 CKD（完全散件生产）、总价值达 4 亿马克时，终于获得威斯摩兰工厂的所有设备。但设备拆装、海运等费用均由一汽自行承担。1989 年 2 月 22 日，双方在狼堡正式签署《一汽与大众技贸结合合同》。

可行性研究结束不久，一汽与德国大众公司又进行了艰苦曲折的合资公司合同谈判，谈判历时 11 个月，历经 6 轮。一汽总经济师吕福源代表一汽主持前 4 轮谈判，完成了合资合同、合资企业章程、技术转让协议三个重要文件的签署。

此后，双方分歧集中在 CKD 价格方面。一汽的财务人员根据德方报价，测算显示，按照德方的 CKD 价格，最后生产出来的轿车在中国市场上毫无竞争力，甚至会导致一汽陷入倒闭。随后，谈判陷入僵局。

下一步何去何从？摆在一汽面前的问题必须立即加以解决。耿昭杰亲自赴德展开第 5 轮谈判。这是一场反复角逐的谈判，一直进行到合资合同草签的当日。几经磋商，CKD 价格、技术转让费、工程设计费等壁垒终于松动，1990 年 7 月 20 日当晚，一汽和德国大众公司 15 万辆轿车合资项目合同如期在柏林草签。1990 年 11 月 20 日，哈恩博士率团抵达北京，一汽和德国大众公司 15 万辆轿车合资项目在人民大会堂宴会厅正式签约。一汽厂长耿昭杰与德国大众集团总裁哈

图 1-4　1990 年 11 月 20 日，中国一汽和德国大众 15 万辆合资项目在人民大会堂正式签约

恩博士分别在合资合同上签字。（见图 1-4）

　　正是在企业创建初期，对自身核心权益的精打细算、明察秋毫，才最大限度地避免了企业幼小时"鸿毳沉舟"的风险，才保障了企业未来的振翮高飞。

忘我拼搏，艰苦奋斗开宏局

　　漂洋过海搬迁一条现代化汽车生产线无疑是艰难而浩大的工程。早在一汽与德国大众双方签署合资合同之前、一汽 - 大众尚未成立之时，1989 年 3 月 16 日，一汽车身厂原厂长、一汽副总工程师崔明伟就受命代表一汽赴美国，负责将整个威斯摩兰工厂一个零件不少地拆解搬迁回来。一汽前后总共组成了 98 人的赴美拆装"海外军团"，他们是从一汽 17 个单位抽调来的能工巧匠，承担了一汽第一次大规模的海外作业。

"威斯摩兰焊装线自动化程度极高，代表当时世界汽车工业的最高水平，但这套旧设备搬回国却还能继续使用，令人难以置信！但一汽人历尽千辛万苦，真的让它在自己的工厂里自如地运转了起来。这真是一个奇迹！崔明伟是我派去的拆装总指挥，他是一个功臣，为搬迁威斯摩兰设备这个浩大的工程作出重大贡献！"老厂长耿昭杰回想起 30 多年前的壮举，仍然感慨万千。

一汽军团到达威斯摩兰，随即投入紧张的工作中。大部分人员住在威斯摩兰工厂中由大浴池更衣室改造成的宿舍里，"海外军团"代表着中国一汽的形象，实行严格的军事化管理。在威斯摩兰工厂，一汽拆装人员每天早上 6 点开始工作，下午 4 点下班，在现场 10 小时以上，晚饭后还要整理资料和笔记到深夜，周六周日，美方人员休息，一汽人则利用周末时间开会、学习、总结，任务艰巨，责任重大，他们争分夺秒，废寝忘食。

尽管有足够的心理准备，但威斯摩兰工厂设备拆卸的艰难程度还是远远超过一汽团队的预期。1989 年 4 月，随崔明伟团长一同去威斯摩兰的王锡滋（原一汽 - 大众轿车厂副厂长）初期在焊装组工作。他说："刚进车间，看到焊装线操纵盘上信号灯按钮有上百个，五颜六色，令人眼花缭乱。一个工位，一个单元，一条运输链，我们细致观察，反复摸索，逐步掌握。画了上百张的拆装图，将上百米的焊接线按工位或单元实施分解，终于满足装集装箱的要求，在拆装图上要标记每一个节点：螺钉、水、气、油的管路接头、电缆，一丝不苟。"

一汽 - 大众管理服务部第一任部长吴维，当年也参与了威斯摩兰拆装项目，他说："拆解工作异常辛苦，每条线都派专人负责，拆下所有工位，便于回国安装，每拆下一处都从多个角度拍照，拆下来的零件均一一捆绑包装记录、贴上标签后装箱，确保回国后可以按原样安装。"

焊装车间的封闭性供电母线虽然是设备外部设施，但价值不菲。当时在一汽尚无如此高质量的母线，因此十分重要。但拆卸母线耗时费力、艰难危险。美国人告知拆卸方法后，便袖手旁观。一汽的几名电工、钳工每天在 8 米高的厂房钢梁上实施作业，灰尘满身。1 立方米一台、重达 300 多公斤的联络开关需从 8 米的高空运至地面，成为最艰巨的挑战：当时只有 6 米高的叉车，高度不够，他们就在叉车上又叉起了一个工位器具箱，小心翼翼地将其安全运至地面。最后仅用 20 多天时间，全部 1 500 米母线拆卸完毕，价值人民币三四百万元。拆下母线带回国内，加上插接箱和供电电缆，实现了威斯摩兰原厂设施的全覆盖，这为之后的恢复安装创造了良好条件，加快了焊装车间的建设进度。

此外，他们还经过复杂的设备拆装招标（根据美国法律，设备拆装工作必由美国拆装公司从事），耐心做大量说服工作，使得美国拆装公司最后同意威斯摩兰工厂的留守人员加入。他们还经历了被美国建筑工会控告的紧急事态（美国建筑业的失业者未获参与这次拆装设备的工作机会），经过据理力争，并通过美国汽车工会、匹兹堡政府和留守厂长的多方协调，此事有惊无险，终获妥善解决。

1989 年 3 月，拆迁工作开始，至 1990 年底撤离，历时 21 个月，设备操作培训、试车运转、拆卸、设备包装及监督发运各项任务告终，搬运设备、技术资料回国，总计重达 9 891 吨。

威斯摩兰设备运回国时，一汽 - 大众已经成立。这条原来生产两厢高尔夫车身的焊装线亟待进行安装，并被改造成生产三厢捷达车身的焊装线，用以兑现 2 100 万美元的实物投资。一汽选调优秀的安装

人员进驻一汽 - 大众，大部分是当年赴美拆装设备的人员。在美国威斯摩兰工厂拆解设备时，一汽人亲自手绘拆装图，在每个关键节点做标签，足有几千张，这些图纸成为如今安装设备的唯一参照物。

经过长时间的海上运输，所有零件都已锈迹斑斑，几乎成了一堆废铜烂铁！安装项目组成员领来了除锈剂、洗油、刷子等物品，逐一洗刷零件。日复一日接触洗油，气味刺鼻，令人头昏脑涨，夜不成寐。最终几万个零件得到清理，60 台机器人得以组装，排布到焊装线上。连续焊接从前结构件到后结构件的 800 多个焊点，一气呵成，如此大规模成功应用机器人焊接轿车连接件，在我国尚属首次。

曾有德国专家预言："威斯摩兰工厂搬迁工作难度巨大，拆了不一定能装上，装上不一定能运转，运转不一定能生产出合格产品，合格了不一定能达产。"但正是在这条线上，生产出了百万辆捷达车，为一汽 - 大众创造了巨大的经济价值。从第一辆捷达车驶下生产线到 15 万辆捷达车型的量化生产，它见证了中国轿车工业的量产时代，使用年限超过 20 年，树立了品质标杆，为一汽 - 大众作出了巨大的贡献，影响深远。威斯摩兰焊装线是一汽 - 大众的产品质量，尤其是捷达车质量的重要保证，从 1995 年这条线调试完成开始全面投入生产，到 2013 年 3 月 29 日这条线停止生产，从这条焊装线上一共驶下捷达白车身 2 537 777 辆，可谓功勋卓越。

早在当年，哈恩博士马不停蹄地参观一汽时，曾直入一汽生产条件艰苦的铸造厂、锻造厂。在现场，他受到了震撼：轰鸣的锻锤前一汽人挥汗如雨，落砂机前一汽人满面灰尘，他们全力以赴、热火朝天地劳动，就是在这样简陋的工作条件下，他们却生产出了质量如此过硬的卡车。1989 年上半年世界局势动荡，二汽与法国雪铁龙公司的合资谈判戛然而止。此时，一汽人不知德国大众将采取何种态度、做何打算。值此阴云密布之际，哈恩博士亲笔写信给中国负责汽车工业的领导人，态度鲜明，犹如拨云之日：无论中国发生什么事情，大众公司与一汽的合作都将坚定不移，继续下去！

也许，正是同样有着质量至上的执着追求，有着对技术工艺的极致渴望，有着忘我拼搏、不畏艰苦的奋斗精神，有着深植血脉的砥砺气质，中国一汽人才与德国大众人携起手来，历经风雨，饱经磨难，合作迈向未来，共赢步入辉煌，塑造出同舟共济 30 载合资企业的典范。

基业初起，砥砺前行有远谋

合资企业初创，一汽 - 大众高管深谋远虑，作出决定，率先瞄准 15 万辆轿车项目的生产目标，采取"边建设、边生产、边国产化"的"三边"战略，通过学习吸收德方先进经验，谋划逐步建立现代化管理制度及较为完善的企业体系。

体 系 初 建

在企业硬件领域，整体搬迁过来的威斯摩兰工厂初奠了一汽 - 大众的生产线，通过这些二手设备，一汽 - 大众以极低成本迅速创建起自身的生产体系。在此基础上，一汽 - 大众人也边生产边摸索，着力建设四大工艺——冲压、焊装、涂装和总装。在无数次的匹配调试之后，捷达车正式投产，而且自主性越来越高，从最初 CKD 方式逐步到 SKD，再到最后实现 100% 国产化率。1992 年 7 月 1 日，一汽 - 大众临时总装线也建成了。从此，捷达车不用再依靠一汽轿车厂总装线，终于可以在一汽 - 大众自己的临时总装线上下线了。（见图 1-5）

图 1-5 1992 年 7 月 1 日 第一辆 SKD 组装的捷达轿车从一汽 - 大众临时总装线下线

此外，办厂之初与生产密切相关的采购功能便受重视。1992 年，一汽 - 大众设置供应科，并成立供应办事处，开始培育属于一汽 - 大众的供应商体系，完善采购机制，提高采购效率。在之后的十几年发展中，一汽 - 大众培养了一大批优秀的国内供应商，不仅提高国产化率，降低了成本，更促进了民族工业的发展，带动了中国汽车制造业的进步。

1992 年，一汽 - 大众与德方经管会成员达成一致，开始独立构建合资公司薪酬体系，并成为当时中方 BOM 成员的核心任务之一。一汽 - 大众岗位的薪酬体系，按照岗位工作复杂度、岗位价值等不同标准，将相应岗位划分薪酬段，既充分考虑岗位价值，又为员工提供发展空间。同时成立项目组，由管理服务部牵头，会同人事等多部门，包括工业工程科的中德方经理，一起评估，共同讨论，一旦涉及某部门，项目组率先达成一致后，再约见相关部门负责人。起初一汽的业务骨干并不愿意调来一汽 - 大众。岗位工资体系建立后，人才的积极性显著提高，合资企业的薪酬优势逐渐显现出来。

学习吸收

在管理软件方面，冲压车间是一汽 - 大众最早投入生产的车间，一为一汽轿车厂小红旗供应零件；二为一汽 - 大众调试捷达模具。那时，管理还比较粗放，操作工人生产积极性不高。采用按劳计件后，质量又会出现问题。

当时信息系统尚未建立，业务大都零零散散。为了优化管理，当时管理服务部的同事们做了许多工作，包括深入生产车间、成本科、采购部、计划科等各部门调查业务流程等，但效果还是有限。

一汽 - 大众成立之初，中国还没正式使用 Windows 系统，而德方早已掌握，于是一汽 - 大众管理服务部从德方引进英文版软件，包括 Windows 的 Excel 和 Word 等，学习制作 PPT。因为员工们也从未接触过这方面的知识技能，他们还需将英文翻译成中文，并安装软件，转换成 WPS，再形成各种文件。直至 1993 年，中文软件才逐渐多了起来。

德国公司 SAP 号称制造业的微软，创立于 1972 年，其核心业务是通过其应用软件、服务与支持，向全球各行业提供全面的企业级管理软件解决方案。

一汽 - 大众花费 30 多万马克购买了 SAP 的软件。应用两三年后，上海大众也开始使用这套系统。1995 年，一汽 - 大众正式建立起 SAP R3 系统（SAP 公司开发的最新系统），放眼全球，应用者仅多为宝马等大品牌企业。SAP R3 系统为一汽 - 大众带来了全方位的改变。首先，SAP R3 系统全面贯通所有环节，通过计算机，串联起人、财、物与产、供、销等各方面，所有人围绕这套系统工作，比如以前人工制作 Excel 表格进行备件订单，需用约两周时间，而此系统只需两小时，即可共享全部资源，极大提高了效率。其次，基于 SAP R3 系统，检货、发货、认证、自动记账、开发票等均可遵循规范标准的系统化流程递次展开，使管理变得科学有序。最后，在单独体系如生产体系中，SAP R3 系统可跟踪一辆车从加工直至出厂的全过程；在不同体系如物流与采购中，系统能将采购信息，供货商，物流信息等各模块集合到一起，实现了体系内外的关联统一。

继承老一汽人踏实苦干、勇于担当的传统精神，诞生之初的一汽 - 大众扬鞭自策，奋蹄不怠，以昂扬向上的积极面貌、奋发有为的拼搏斗志、忘我不挠的坚韧品质，深谋志远，躬尝践履，迎难而上，与合作伙伴同力共赢，开创了此后 30 载璀璨的汽车传奇，谱写了一曲宏大壮美的业界华章。这首传奇颂歌的序曲，从开篇都契合了时代发展的主旋律，其起伏波动的音符，正如改革开放大潮激起的一朵朵浪花，跳跃着融入民族工业的伟大振兴，与人民对美好生活的追求向往，与时代发展要求紧密相连，一一合拍。

盛食厉兵，风姿初现

——夯实基础期（1996—2006 年）

1996 年，陆林奎出任一汽 - 大众总经理。1997 年 8 月 19 日，公司 15 万辆轿车工程项目通过国家正式验收，标志着一汽 - 大众的全面建成，一汽 - 大众夯实基础的 10 年由此启动。这 10 年，是国内私家车市场由小到大、壮大发展的 10 年，为一汽 - 大众带来了巨大机遇：1994 年，国务院颁布《汽车工业产业政策》，作为国内首个国家层面颁布的产业政策，该文件明确提出国内坚持以轿车为主的汽车发展方向，首次提出鼓励汽车消费，允许私人购车，对合资产品明确提出国产化要求，并大力扶持国内自主品牌的发展。2000 年 10 月，十五届四中全会审议通过《中共中央关于制定国民经济和社会发展第十个五年计划的建议》，则明确提出鼓励轿车进入中国家庭。

2001 年 12 月 11 日，中国成为世界贸易组织（WTO）的第 143 个正式成员。加入 WTO 的协议中包含了短期内大幅降低汽车进口关税和未来可能的放开外资股比的初步承诺。"狼来了"，在入世前国内汽车业的担忧和争论已不绝于耳。稚嫩的中国整车厂和上游零部件供应商薄弱的基础能力，能否有效抵抗进口车及零部件的冲击，成了摆在中国汽车工业前面绕不开的大问题。作为合资企业的一汽 - 大众内部也曾有激烈讨论，但公司管理层始终对企业未来充满了信心，认为进口车占比不会超过中国汽车市场产销量 15%，并且认为入世对于一汽 - 大众和供应商来说利大于弊，应乘时乘势，加入全球产业链，借助国外先进生产技术，携手国内供应商，全面打造现代化的企业管理体系，在排山倒海而来的全球化时代，迅速壮大，耸壑昂霄。

不出所料，入世后外贸扩大开放，带动了一大批民营企业的发展，人民的生活水平进一步得到改善，消费需求随之提升，私人汽车市场更迎来爆发。2000 年起，汽车市场每年保持两位数的增长率，远超同期的经济增长。外资携带产品技术涌入国内市场，形成了国际"6+3"的知名汽车厂商大举入华的格局。同时，以长安、奇瑞、吉利、长城为代表的本土轿车品牌在我国汽车市场异军突起。外资、合资、本土新品牌纷纷角逐，国内轿车市场竞争空前激烈。

这 10 年，也是一汽 - 大众深入反思、构筑基础并为全面布局、深耕绸缪的 10 年。经历第一阶段的艰苦创业、筚路蓝缕，一些问题也显露出来。例如，产品质量与德国大众的质量标准还存在一定差距，尚未形成独立的营销体系（挂靠于一汽集团），车型品种单一（仅有捷达一款），管理理念和管理体系落后，传统国企的管理思想根深蒂固。虽已初建四大核心流程制造工艺，但技术上根基尚浅。

基于对内外部环境的洞悉和反思，陆林奎带领团队以问题为导向，提出"技术领先，质量至上，管理创新，市场导向"十六字经营方针。面对竞争，一汽 - 大众意识到，只有强本固基，提升综合能力，进一步推动企业文化建设，通过国产化降成本，逐步加强企业竞争力，牢牢把握战略主动权，才能在激烈的市场竞争中独占鳌头，立于不败之地。

经营构方略，企业重文化

人事无小事，成事需在人。在十六字经营方针指导下，陆林奎随即调整公司管理层的组织架构，进行"人事大换血"，加强公司的综合管理能力。1995 年 12 月，陆林奎上任前夕，亲自驾驶捷达车，从安庆路 5 号 206 号门进入一汽 - 大众，和一汽 - 大众所有的二级经理、高级经理逐一谈话，详细了解情况。1996 年 2 月 2 日，一汽 - 大众召开全体经理人员工作会议。两个月后，经一汽 - 大众党委讨论并报告集团公司党委，宣布了 5 名高级经理调回一汽工作，免掉了 8 名二级经理，同时从一汽调来 2 名高级经理，从公司内部提拔 1 名高级经理和 8 名二级经理。在当年的国企，如此抉择前无古人，历尽艰难。在企业发展史上，这一重大调整具有划时代意义，结束了此前一汽 - 大众经理人员"只能上不能下"的积弊。

在企业管理方面，1996 年，一汽 - 大众和德国大众派遣的骨干经理为所有生产流程进行了优化再造，形成一套最核心的生产管理体系。1999 年，一汽 - 大众引进奥迪公司的生产现场管理体系（APS）并率先应用于焊装车间，结合企业自身情况做出调整，改良为符合一汽 - 大众的生产现场管理体系——FAW-VWPS，于次年在全公司推广。

这一阶段一汽 - 大众逐渐步入正轨，夯实基础，强化体系建设，企业文化建设首当其冲。2002 年的 12 月，一份名为《一汽 - 大众汽车有限公司企业文化建设立项》的报告在一汽 - 大众经管会审议通过，企业文化正式被列为一汽 - 大众 2003 年及此后的重点工作。时任一汽 - 大众总经理秦焕明在批复中写道："企业文化已上升到企业核心竞争力层面，目前对我公司尤为重要。高速发展、高收益，如果没有强有力的企业文化做支撑，无法指导员工的行为和思想。"

秦焕明总经理提出要进行整体规划，也让全体员工了解企业的工作重点、主要问题、发展方向，逐渐形成了初期的企业文化理念。"

一汽 - 大众也非常尊重德方意见。以财务核算为例，一汽 - 大众成立时，国家正好出台了《合资企业会计法》，但如何结合企业的特点、制定核算方法是一个难题。中国的会计法有别于德国，双方制作报表也大不相侔。以设备折旧为例，德方从设备投入即计提折旧，中方则是从在建项目转到固定资产之后才计提。各种差异导致成本科的工作异常繁复。但一汽 - 大众并没有"一刀切"，而是选择制作两套报表，一套遵循中方会计法，一套则依照德方会计法，报表制成后经过会计师事务所审定确认。一汽 - 大众充分尊重了德方的习惯和意愿，中德双方在工作中不断磨合，达成共识。

2002 年，一汽 - 大众启动了 FE20 项目（F：Forschung，研究；E：Entwicklung，开发），并成立了 FE20 项目工作组，派遣 20 名工程师，前往德国大众产品研发部门带工学习两年。此项目为一汽 - 大众培养了大批骨干技术开发人才，堪称双方共赢的合作范例。现任一汽 - 大众成都分公司技术开发部部长陈建涛是 FE20 项目第二批成员。在德国学习期间，他负任担责，淬火加钢，施展才能，深获德方同事的信任。他说："利用掌握的 CAD 计算机辅助设计能力，我主动承担了途安（Touran）仪表板支架的方案设计，德方同时要求三天完成结构数据，我加班加点，一天完成，数据质量高于要求。勤奋促进互信，担当推动融合。"在 FE20 项目中，工程师们不仅深入学习了德方研发技术，更与德方伙伴建立了深厚的友谊。在此过程中，双方逐步加深互信，进一步促进合作共赢。

作为合资企业，合资合作成败与否，重在一个"合"字，这个"合"，是合则同存两立，合则相生共赢；这个"合"，又是合中有分、分中有合。这其中，一汽 - 大众历任总经理高度重视合资双方的跨文化建设，提倡中外双方要共同"做加法"，不要"做减法"。"做减法"的合作就是，双方行事，一方"南辕"，一方"北辙"，功效"此消彼长"，决策相左，内耗不断，效率低下，损害公司根本利益与发展前途。"做加法"的合作就是，合中有分，即各尽其能，各有千秋，扬长避短，异派同流；同时，分中有合，即分进合击，取长补短，同舟共济。比如德国人善于对接总部资源，我方长于本土执行与团队建设。与德国人合作，虽然时有分歧和冲突，但合作是主旋律。以"做加法"的心态看，合作是双方取得利益最大化的最优选择和途径，但这对双方的素养、格局都有很高要求，意味着极大考验。

在一汽 - 大众的第二次党代会上，专门对企业文化详加研究。之后，成立企业文化推进组，策划一汽 - 大众的企业文化建设，设定了五条核心理念——使命、愿景、核心价值观、企业精神和经营理念，融合各方面、各维度，对一汽 - 大众的发展起到了至关重要的凝神聚力作用。

"使命"体现了一汽 - 大众作为合资企业的价值和意义，也是对自身发展长远目标的定位。一汽 - 大众将使命定义为"造价值经典汽车，创卓越出行服务，促人、车、社会和谐"。在万物互联的时代，为营造和谐美好的地球家园，不断提升用户生活品质，一汽 - 大众将致力于走绿色发展之路，为用户提供体验最好的产品与服务，并肩负起推动中国汽车工业发展的社会责任。

"愿景"是基于公司的使命和追求，对未来发展状态的激励性描绘。一汽 - 大众人不曾遗忘，第一次党代会上曾提出要"建设中国最好的汽车合资企业"的愿景。2006 年，第二次党代会则描绘了公司未来愿景，把一汽 - 大众建成"中国最优秀的汽车合资企业"和"员工眼中最有吸引力的公司"的"两最"公司目标深入人心。

"最有吸引力"体现在员工的荣誉感和使命感方面。长春这座汽车城里几乎无所不知，一汽 - 大众的工作服都比其他工作服"金贵"。当时，同样的质量、颜色，只要印有"一汽 - 大众"的字样，就能多卖 30 元。很多工人领到工作服，如果自己不穿，交给家人穿时，会嘱咐家人："出去可千万别闯红灯，不能和别人吵架。这身衣服代表一汽 - 大众，咱可不能丢脸啊！"

一汽 - 大众以"诚信创造价值，尊重成就共赢"作为核心价值观，把诚信和尊重作为做人做事的基本原则；把创造价值作为工作准则；把用户、合作伙伴、员工和股东多方共赢，作为公司可持续发展的根本保障。

"共赢"概念即小见大。如何实现"共赢"，一汽 - 大众领导层苦心孤诣，费尽思量。后来，经销商年会改称"经销商合作伙伴大会"，虽是名称变化，但潜移默化地让关联主体悉心体会企业文化细微的内涵变化。

"尊重"就是员工之间、领导和员工之间、中外之间，包括与合作伙伴经销商、供应商之间开诚布公、相互尊重。一次，曾有一名财务部人员记账时把经销商购买备件的费用记错了，之后钱款入账，而未领备件。错误未被及时发现，后来即便发现，也无人处理。久而久之，备件工厂倒闭了，再想追回备件已无能为力，经销商为此也产生了损失。事情发生后，财务部门责怪经销商不做核实，为此还处罚了两万元。按照企业文化理念，如此处置颇为不妥。于是，一汽 - 大众致函经销商，详述企业文化建设，全部退回了两万元处罚。通过此事，经销商知悉，一汽 - 大众主张相互尊重，强调合作共赢。

一汽 - 大众在完成使命、实现愿景的过程中，不断发扬"学习、进取、合作、创新"的企业精神。在经营方针指导下，厉兵秣马，步步为营，只待他日的厚积薄发。

迈向国产化，建设新流程

国家政策对汽车行业推动力度的进一步加深，也大大推进了国产化的进程。1994 年，《汽车工业产业政策》出台后，私人汽车市场迎来爆发，国内车企竞争激烈。

21 世纪初，欧元汇率持续攀升导致汽车进口零部件成本大幅涨价，开始大大削弱一汽 - 大众的盈利能力，进口组装的生产方式已成为一汽 - 大众难以承受之重，推动更深层的国产化已迫在眉睫。到2002 年秦焕明出任一汽 - 大众第三任总经理时，一汽 - 大众面临巨大的市场波动，互联网经济泡沫破裂，市场需求减少；2004 年，一汽 -大众出现产品积压并进行历史性降价；2005 年，面对萎靡的市场和车企间的激烈竞争，一汽 - 大众经历了两轮主流产品的价格战。这两年间，曾经为企业贡献大半利润的奥迪品牌，也由于豪华车市场的整体下滑蚕食了企业利润。之前高质量定位下的成本压力突显，内外部环境严峻。

危机当前，秦焕明总经理上任后，2002 年有针对性地提出了"加深国产化，降低成本"的企业战略。"过去，一汽 - 大众依靠高投入实现了快速发展，但在市场由增量竞争变为存量竞争的今天，提出生存发展计划，体现了企业高度的危机意识。"国产化成为企业战略制定的最佳选择，全公司上下不遗余力地进行外购零部件及外购工装、模具、设备的国产化工作，通过提高国产化的广度、深度迅速降低成本。

然而，国产化的道路绝非一帆风顺。一汽 - 大众引进奥迪 A6 车型后，产品升级，对供应商的要求也水涨船高。供应商虽然也想配合升级，乘势而上，但产品却得不到德方的认可。更为棘手的是，根据国家新政策规定，引进车型从生产首辆起，国产化率须达 40%，不设缓冲期。而奥迪 A6 在德国也是新车型，生产不足一年，图纸根本无从获取，只有明细表。同时，1998 年之前，国内零部件企业能力薄弱，供应商难寻。面对困境，又如何完成国产化目标呢？

为了推进国产化，一汽 - 大众成立了 SQE（同步工程小组），由采购部、质保部、产品工程部各出一人从事同步工程，国产化办公室则不畏辛苦，负责具体落实。对于未达要求的供应商，一汽 - 大众力所能及地提供帮扶支援，推助供应商实现改善、提升，包括指定工程师每个月两次，现场参与供应商的全程生产，共同剖毫析芒、改进方案、解决问题。一汽 - 大众还采用源于德国汽车工业联合会制定的 VDA 标准，包括 VDA 6.1、VDA 6.3、VDA 6.5。其中 VDA 6.1 是体系审核，考察供应商的管理、体系能力是否规范。同时，奥迪公司也专门成立部门，组织外国供应商前来中国，而国内供应商大有合资需求。于是，一汽 - 大众从中协调，牵线搭桥，促成两国供应商实现合资，不但逐步解决了国产化率的指标问题，还在国内掀起了一个合资潮，培养了如富维江森、富晟李尔等优秀合资供应商。如今，这些已发展成巨头的国内供应商，最早就是由一汽 - 大众等整车企业扶植而起，如福耀玻璃、吕巷后视镜、宝钢、吉林通用等一系列具有国际竞争力的供应商。一汽 - 大众等企业的快速成长带动了中国零部件企业，客观上也推动了汽车零部件产业的加速进步，进而促进了整个汽车产业的发展。

一汽-大众"从零开始"逐步推进国产自制件的发展。成立之初，一汽-大众在维护模具方面毫无经验，现场工程师也从未接触过大批量的模具生产，只得初定：线上由模修工负责，线下由维修工负责，双管齐下，解决模具维护问题。奥迪100的翼子板采取代工形式，顶部涂抹环氧树脂，导致模具很不稳定，支件时常发生变化。技术工人废寝忘食，经过反复试验，最终替换环氧树脂，以焊条实施组装，重新加以研磨，终于修补好了其中缺陷。

此后，捷达车型又几经"改脸"，对模具考验极大。反复锤炼，模修中心的队伍日益过硬，增强了一丝不苟的自制模具意识：虽然翼子板很小，但其匹配关系错综复杂，需要与门、保险杠等进行连接，对平度的要求极高，所以模具需要极高的融合精度。

一汽-大众国产化的第一步步履维艰。现任生产管理总监的窦恒言，当年曾担任生产计划员，他说："截至1996年，从捷达A2开始，我们才有自己的冲压件，所用的模具来自南非、墨西哥等国。冲压厂房里，50线、40线几条冲压线齐备。那时设备落后、漏油，在线上走一圈儿满脚都是油，每天得去接几吨润滑油出来。"

采购总监张明刚进入一汽-大众在生产制造部工作三年，专心致志完成了一件事——将捷达的冲压件全盘实现自制。他刚入工厂时，还没有自制件，模具庞杂，一个零件需五六套模具，加在一起有上千套模具。模具调试人员分别来自不同企业、不同国家，语言不通，调试模具会产生相当的障碍。曾任一汽-大众技术开发总监的李丹博士说："捷达一开始国产化率很低，不到5%。几乎是整车件运到中国，装上车轮、电瓶就完事，称为SKD。一汽-大众最先国产化的一个是轮胎，一个是轮辋，那时轮胎要求时速达190公里。接着是收音机国产化，后来散热器、排气管也实现了国产化，零部件国产化提高至 30%。在研发能力建设方面，一汽 - 大众深培厚植，铁杵磨针。1996 年左右，捷达引入多项创新性技术，包括首个 ABS 和自动变速箱。陆林奎总经理亲自主抓国产化进程，捷达国产化步伐迅猛向前迈进，国产化率由最初的 5% 达 1996 年的 60%。1996 年 4 月，由国家海关总署、机械工业部等有关部门联合组成的国家国产化核查验收团，对捷达轿车 60% 国产化率进行正式核查验收，并予通过。1998 年，一汽 - 大众自主开发装有 EA113 新 20V 发动机的新捷达轿车下线。2000 年，奥迪 200 验收时国产化率达到了 60%，后来更是实现 80% 以上的国产化率。2001 年，宝来轿车项目则提前四周投产，充分说明国产化进程也是企业夯实基础的过程，综合体系能力在不断提升。

这一时期，不但国产化率大幅提升，1998 年，一汽 - 大众还实现了发动机出口。那时，发传厂的产能未获充分利用，而奥迪股东正好迫切需要曲轴、气缸盖和气缸曲轴箱等发动机零件。一汽 - 大众发传厂的五气阀发动机甚至优于德国大众。于是，抓住机会开工生产，最后仅用 45 天就完成了 15 000 台出口任务。

一汽 - 大众的动力总成厂，在德国大众康采恩体系里质量第一，其基础能力十分牢固。此出口项目表明一汽 - 大众产品在质量和水平上依托最先进的生产技术。而生产线工人素质能力、意志品质亦十分过硬。

一汽 - 大众迈向国产化的同时，汲取全球汽车产业最先进的流程理念，并借鉴德国奥迪生产管理系统的核心内涵，在计划、生产、物流等方面实现全方位提升。一汽 - 大众生产管理部和管理服务部共同研究制定了一汽 - 大众"面向未来的生产管理系统"，这一系统包括生产计划、生产控制、物料筹措、预批量管理和物料管理等内容，对生产组织起到了积极的促进作用。一辆车的车型装备信息就像人的身份信息一样，就在第一个工位确定下来。

一汽 - 大众生产计划平衡机制从无到有建立起来。从 1996 年开始，生产计划注重平衡，逐渐形成流程文件，构成公司整体完善的生产计划机制。例如，零件和库存之间实行月度预测以及长期滚动的计划，结合自身的所有条件着手长期预测，使整个经营更有序。1996 年之后，生产计划控制手段开始应用 IT 系统化处理。1997 年，陆林奎总经理召开了一次研讨会，销售部、采购部、规划部生产厂和管理服务部一起参加，讨论销售需求、生产计划、物料采购及生产组织的相关问题。一汽 - 大众现在的生产计划平衡会，简称 PPA，就是在此次研讨会后逐步完善形成的，旨在平衡采购、销售、质量、生产、人员等各种复杂因素，并总结出动态平衡生产理论。

1998 年末，一汽 - 大众开始在德方专家的指导下，推行预批量管理，有计划地实现生产系统的安排，小到一个螺丝，大到总成的安装。全公司管理涉及生产组织、成本核算、财务结算，均需信息流及系统支持，预批量拥有物流所需的全信息流，有助于更好地控制成本。每个车型变化有不下百种和千种，装车的零件有几千种，如果控制不好，就控制不住成本，这其实体现的是基础竞争力。

1998 年，一汽 - 大众将生产信息系统引入物流管理，物流规划达到国际水平，通过监控定点采集生产信息，对接、匹配信息流与零件流，为后期生产管理、供应链管理提供有价值的原始数据资料。1999 年，独立开发准时化物流系统，联系信息源、生产系统和物流，据车型定义组织生产。准时化是汽车生产中最重要的砝码，是从事混流生产的必要手段，不仅适应市场的多种需求，还能节约成本，最重要的是保障生产和市场需求相匹配、相适应。原一汽集团董事长耿昭杰表示，准时化是汽车工业的一场革命。一汽 - 大众轿车二厂建成后同时上开迪、速腾、迈腾三款车，针对车型多、零件种类多，又以生产线为单位，开发出"货筐备货"：一旦车上生产线，后面都跟有零件货筐，下生产线后，货筐返回。为此，还特意成立了备货中心，大大节约了物流成本。

1997 年，一汽 - 大众开创了第三方物流，取消中转库合并为一家，由公司参股，统一管理，起初称"长春大众物流公司"（吉林省第一家汽车物流），一举扭转人工管理库存弊病丛生的局面。为打造强有力的物流管理体系，生产管理部大刀阔斧，举措有力。首先，剥离与生产管理、物流管理无关的业务，包括维修车间和工厂服务科。随后，重组相关业务，比如合并物流规划科和预批量科，成立了物料管理科，拆分计划科为计划控制科与物料筹措科。改组后的生产管理部如同一个管道，通过生产组织管理，结合制造技术，以产品形式完美展现，满足市场需求。

随着一汽 - 大众车型品种增多、产量和市场需求的不断扩大，一汽 - 大众全面推进"面向未来的生产管理系统"，绩效卓著，成果斐然。

质量控制关，管理是关键

在十六字经营方针中，陆林奎总经理认为，"质量至上"至关重要。从短期看，提升质量有利于应对日益增强的市场竞争，快速补齐自身短板，强化自身核心竞争力，巩固基础，稳步扩张市场份额；从长期看，更直接与一汽 - 大众的产品定位和市场布局战略相衔接，是其从单一车型扩展到多品牌车型、拓展中高端乘用车市场的必由之路，也是保障企业长远发展的战略基础。

1996 年，陆林奎总经理首先从质量抓起。他亲往一线车间狠抓质量建设，参加质保部组织的"午餐后质量讲评"会，同时坚决拒绝和质量不合格的外协工厂合作。1998 年，时任焊装车间主任尤峥提出"全员效率型维修"（TPM）的理念，强调以过硬的员工个体技术素质为基础，取代传统的集中式维修。而后，一汽 - 大众接连通过 ISO 9000、ISO 9001 质量体系认证并主动进行 VDA6.0（德国汽车工业质量标准）检测，每年由天津中心或者德国莱茵公司实施审核。这一阶段的质量控制，改变了以往以惩罚为主施加管控的简单方式，也更深入学习领会德国的质量管理经验——发现问题共同解决，推行奖励。惩戒督导变成劝勉激励后，一汽 - 大众的质量迅速提升了。1999 年，在奥迪投产的背景下，一汽 - 大众更提出"同一星球，同一品质"的质量口号，要求产品与德国大众实现质量统一，与世界任何一个地方的奥迪车质量一致。

陆林奎总经理认为企业管理者从事质量控制，首先是当警察，查处违规。在马路上当交通警察容易，在企业里当警察不易。第二，当老师，教育培养避免今后犯错，不仅要改变一个人的行为，重要的是改变一个人的思想认识。第三，还得当医生，不仅能挑错，还得解决遇到的疑难杂症。质量是企业的生命。质量部门的员工在质量上很难量化贡献指标，他们的贡献通过别人的努力得以体现，别人业绩增长，他们的工作价值随之彰显。

最难的工作是质量管理，质量管理涉及从产品开发直至售后服务的全过程，旨在制定能规范所有人的规矩，在影响产品质量方面有法可依、有矩可循。这项工作起于 1996 年，而还有一些规矩始自公司成立之初，存在重合、冲突之处，在所难免。但站在公司大局角度，规矩只能有一个，最终建立了完整的质量管理体系，从此理顺了一

汽 - 大众的整个管理规定。两年内，通过建立质量体系，工作范围和目标得以明确。

此后，质保体系稳步建立，一汽 - 大众的质保能力获得快速提升，也极大推动着国产化进程。1996 年，发动机变速箱投产，德国大众的一位质保科长和一位厂长来验收，进行行驶特性试验。测试变速箱时，他们认为噪音超标，不能批准通过。而当时投产准备已经就绪，如果不能通过，就无权生产，依然不能摆脱进口。时任一汽 - 大众质保部长的刘承义去找到陆总，指出 02KA 变速箱在 1、2 挡和倒挡就会出现噪音，并非生产问题。陆总强调，一定要想方设法解决这一问题。因为不清楚哪一挡在哪一频率下，刘承义建议，具体改进由德方变速箱专家指导，于是运输两个变速箱到德国卡塞尔测验，如果检测不合格，一汽 - 大众变速箱即刻停产。经测试，质量无虞，生产继续进行。

1999 年，一汽 - 大众从奥迪项目开始，学习德国大众的整车测量体系，深度参与整车质量的所有检测设备规划，但依旧亦步亦趋。直至测量体系得到德方的高度认可，一汽 - 大众的测量体系与德国大众开始同步。2001 年，宝来上线，按完全自主规划推进整车测量体系，供应商发包后立即跟踪、配合生产调试。尽管德国人不满，一汽 - 大众还是坚持自主设计规划，陆林奎总经理也大力支持。专门派人前往欧洲，去西班牙、意大利、德国，跟踪供应商生产调试。最后，整个宝来项目的质保实现了完全独立自主。

质保作为企业的基础架构之一，起着承上启下的关键作用，下端联结销售终端，上端承接产品、生产、物流乃至财务，贯通诸多部门，综合各种体系功能，在企业体系构建中，至关重要。

人力成体系，技术靠积累

一汽 - 大众人力资源工作的发展基本上可以分为人力资源招聘、管理和开发三个阶段。

一汽 - 大众 1991 年成立，1997 年全面建成投产，在此阶段，人事部门的主要工作是招聘。原一汽厂长耿昭杰提出"一汽要全心全意支援一汽 - 大众，一汽 - 大众要全心全意依靠一汽"的两个"全心全意"思想，因此建设期一汽 - 大众的人员绝大部分来源于一汽集团下属各企业，这时期有一大批技术骨干和生产一线工人加入一汽 - 大众。那时合资企业是新鲜事物，可以说，这些员工冒着"没有劳保，砸了铁饭碗"的风险，怀着憧憬与热情投入一汽 - 大众的建设中。这一阶段的人事部，主要有两项工作：一是协调一汽集团人事部大量招聘员工，用以满足公司边建设边生产的需要；二是培训员工。轿车制造有严格的精密要求，大量的生产工艺培训、质量管理培训、设备培训和外语培训等间不容发，边生产边培训，稍有停工，在生产线的一侧，当即就组织员工、现场工程师、骨干人员进行培训，掀起了一场一汽史无前例的学习浪潮。

1997 年一汽 - 大众销售有限责任公司成立，在全国各地设立代表处，实行"首席执行代表"和"销售代表"制，负责管理属地区域内经销商的销售业务。从长春本部派人赴各区域成本过高，属地化员工的用工模式应运而生，各地代表处设立了销售代表、现场代表和信息员三个属地化的用工岗位，年初招聘，年底考核，凭业绩优劣，才干高下，实行聘用制。属地化员工模式成为一汽 - 大众在招聘工作的一大创新。

新劳动法出台以后，全员劳动合同制打破了计划经济条件下的国有企业人事管理方式，为适应新形势的需要，一汽 - 大众开始全面思考合资企业人力资源管理模式，尝试建立全新的规章制度以适应合资企业发展需要。这时招聘工作已不是人事部门的主要任务，岗位价值、绩效考核和人员管理等问题成为当务之急。随后，《员工手册》编成，又制定了《员工待岗管理办法》《员工核心人才管理协议》《员工招聘考核办法》等文件，相继组织实施。截至 2000 年，已出台了一系列人事管理制度，实现了员工的规范化管理，用制度解决企业运行中的人事管理问题。

从 2001 年开始，一汽 - 大众人事部门的工作重点转移至人力资源开发。企业认识到，员工不仅是劳动力，更是有待开发的人力资源，保障企业的长期可持续发展，并把人事关系部更名为"人力资源部"，引领培养员工成为高素质的人才：走专业道路要成为专家、技师，走管理道路则成为二级经理，人才发展目标与途径，清晰可见。

2003 年，一汽 - 大众在后备经理的选拔上引入了测评中心 AC 测评（Assessment Center）。AC 测评系统起源于 20 世纪 20 年代的德国，1956 年，由美国电报电话公司率先引入企业选拔经理人员。跟踪十几年后，美国电报电话公司得出结论：99% 通过者，符合当年评委给出的评价；99% 未通过者，也符合评委评价。

现任中国汽车工业协会副秘书长柳燕是一汽 - 大众 AC 测评体系启动后首批脱颖而出的经理人员，在通过 AC 测评后晋升为第一任奥迪市场部部长。她回顾说："AC 测评体系对一汽 - 大众核心人才培养、梯队建设以及经理人员的聘用起到了重要作用，每年大批青春洋溢、充满理想的优秀大学毕业生从五湖四海赶赴东北加入一汽 - 大众，只因慕名 AC 评测为每位期待鸿轩凤鸢的职场年轻人提供成长环境和公平机会。在 AC 测评多年运行中，也受到过不少诟病、阻遏，但一汽 - 大众始终坚持使用这一体系来选拔和聘用二级经理，保证了企业核心管理团队的优秀素质与领导力。"

对后备经理的培养方式多样，包括"认知发展中心"等。通过 AC 测评，一汽 - 大众人可以完善自我认知：领导者与专家，实干家和谋略家，一目了然。虽然很多人未在 AC 测评中过关，但对于所有管理者来说，AC 测评足以令人期待。因为，通过这些十几年累积的培训工具，所有人都能通过 AC 评测获得成长知觉与心理智识。

除了引入人才选拔和测评的工具，一汽 - 大众还进一步加大对人才的培养和开发。2012 年 11 月 30 日，一汽 - 大众成立专业能力技术学院，将企业零散的多元化培训知识加以整合。同时，技术培训科从三个维度进行培训，形成了对所有部门、人员和汽车生产周期的全覆盖。从绩效入手，发现个人的能力短板，分析原因，进行专业提升；覆盖产品整个生命周期，从最开始的概念规划、产品研制、样车获批生产、形成批量产品，直至出产，技术培训贯穿始终。

随后，一汽 - 大众推出了"辐射教学"，要求每名维修技师都经过专门培训，并在长春、北京、广州成立三个培训中心，对经销商进行有效培训，打造过硬的维修能力。2013 年，一汽 - 大众成立了劳模工作室，作为技术研究和人才培训基地，并以其为纽带，将车间专家型技术人员、维修骨干组织起来，发挥规模优势和技术专长。

经过二十几年的技术积累和对人才的逐步重视，一汽 - 大众已形成了自己的"技术知识库"，培养了众多技术人才。大众新宝来批量化生产时，由一汽 - 大众的普通工人跟随采购模具。几个供应商的模具在眼前一晃，工人们一瞥可知哪个符合 50 万辆的生产规模，哪个只能承受 10 万辆，并从工艺、结构上阐明道理，供应商则当场折服。

如此身怀绝技、"火眼金睛"的人，在一汽 - 大众不在少数，高技术部门之外，即便是在生产一线，也指不胜屈。通过二十几年的经验积累，一汽 - 大众自身足以推进高科技培训，培养技术人才。而人才是一汽 - 大众最核心的武器和最宝贵的财富。

营销向市场，品牌筑体系

在市场导向的驱动下，在这一阶段一汽 - 大众也开始构建独立的营销体系。国内乘用车市场迅猛发展，意味着经销商既要推进展厅建设，加强品牌形象管理，同时还要增加购车量，建立充足库存，对其流动资金提出了较大考验。1997 年，出于控制营销的整体考虑，一汽-大众构建完整的营销体系，成立了一汽-大众销售有限责任公司。（见图 1-6）

图 1-6　1997 年 5 月 18 日一汽 - 大众销售有限责任公司成立

同年，一汽 - 大众开始盈利。陆林奎总经理与耿昭杰厂长商量："一汽第一次创业是解放 CA141 换型，第二次创业是此次上轿车合资项目，你又交上了一份合格的答卷。但一汽 - 大众不解决销售问题，仍然不会成功。"陆总随后建议，成立一汽 - 大众销售有限责任公司，仍由一汽占 60% 股份，一汽 - 大众占 40%。方案出炉后，一汽 - 大众销售有限责任公司诞生。在一汽 - 大众副董事长、德国大众负责销售的董事布什尔霍夫博士的推荐下，凯普勒先生出任一汽 - 大众第一副总经理，帮助企业建立销售组织及业务流程。他是德国大众销售方面的高级经理，年逾不惑，负责德国大众西北欧的销售业务，年销售业绩达 70 余万辆。凯普勒先生在一汽 - 大众工作了 3 年，陆林奎认为，凯普勒先生对一汽 - 大众销售业务的建设和完善，对提高一汽 - 大众控制部的业务水平，都作出了开创性的重要贡献。

谈到这段经历，曾任一汽 - 大众副总经理的凯普勒先生回忆说："1996 年一汽 - 大众的产销量约为 26 000 辆，产能利用率不到 20%。"凯普勒到一汽 - 大众工作之前，他与相关人员讨论，如何针对中国市场的动态变化进行结构性定位，并以前瞻性和专业性的方式满足客户的需求变化。他说，一汽 - 大众是当时国内首家将营销融入合资公司全流程格局的企业，成立了专业的销售公司，构建了以客户为导向的营销体系，将客户需求融入生产计划、产品开发中。因此，截至 2000 年，企业销量首次突破了 10 万辆大关，但最重要的是，当时作为中国市场的先驱，一汽 - 大众开创了未来的发展方向。

凯普勒先生认为，一汽 - 大众保持领先的关键因素是在营销结构发展过程中，不同观点触类旁通，交互碰撞，反复启发，洞悉与谙熟中国市场需求，以建立健全营销和售后服务流程。

迈出第一步的一汽 - 大众，在销售方面进行了许多大胆创新。比如首创包含一汽-大众、银行和经销商的三方协议。营销方式最早采用"推动式"销售，生产与销售各司其职。STD（经销商采购数量）目标和生产目标并存，相互关联并不大，也没有终端销售概念，以售予经销商为任务目标。那时库存很高，一年卖两三万辆车，库存即达一万多辆。后来引进AAK（终端销售数量），即市场导向的"拉动式"销售。首先分析市场规模、一汽-大众所占份额，实施倒推。分析的角度、维度由原来只审视自身数据，转为同时关注竞品，为日后客户导向的"订单制"奠定了基础。

说到整合营销，不得不提及"出租车卖点提炼"的故事。当时太原、南京出租车需求较大，随着城市形象的提升从起初的夏利、奥拓，升级为捷达、桑塔纳等。推广出租车时成立了一个项目组，奔赴各城市，向客管处或直接用户（出租车司机）进行推广。那时人们对两阀五阀发动机还不甚了解，营销人员从科普角度，通过动画、PPT等形式进行演示，配合试乘试驾体验，将复杂的汽车工程技术语言转换成用户能理解的浅显语言加以表达。还从捷达车的卖点出发，站在用户角度，进行了一些尝试，便于客户接受。还加入参数、耐用性、使用成本等相关内容，从普遍反映看，效果极佳。那时南京、太原、杭州多地上捷达出租车，于是根据不同地区用户关注点差异，反复策划，适时调整，组成项目组模式，政策、产品、市场宣传、用户口碑等诸多因素，交相呼应，整合营销的萌芽即将破土。

捷达以推介会的营销形式，以潇洒华丽姿态挺进厦门出租车市场；在贵阳利用"以旧促新"的销售手段，重建贵阳小汽车修理厂、贵阳四扬汽车有限公司、贵州利和汽车有限公司的销售和维修网络，并在政府层面上加强联络，奠下了日后销售的坚实基础。在西北市场，凭借销售人员质朴笃实的奔波走访，捷达在"空白区"成功

"破冰"。

"捷达 60 万公里无大修"曾在中国汽车市场轰动一时。1994 年，一汽 - 大众售后服务部的李志华在珠海出差时偶然得知有位出租车司机的捷达车开了 60 万公里了，尚未大修，敏锐意识到这是值得挖掘的宣传点，于是，一个针对出租行业的营销活动慢慢酝酿。随后，营销活动顺利举行，推助一汽 - 大众进一步打开出租车市场，从华南延伸到华东，直至东北。一汽 - 大众在出租车市场上可谓所向无敌，有口皆碑。（见图 1-7）

1998 年 3 月 8 日，一汽 - 大众在北京国际贸易中心举行新捷达王轿车投放仪式。全国政协常委赵南起、机械工业部原部长何光远、吉林省省长王云坤、著名主持人杨澜、凤凰卫视记者吴小莉等领导、嘉

图 1-7　广东省珠海市出租车司机苏耀洪与创下 60 万公里无大修纪录的捷达轿车合影

宾出席。杨澜从一汽集团董事长耿昭杰手中接过车钥匙。新捷达王的投放不仅是一汽 - 大众首个正式的新车投放活动，甚至可以说是中国汽车历史上首次新车发布仪式。

当年，一汽 - 大众售后服务体系亟须改善。售后只为销售服务，是个亏损的部门。其实德国大众售后的宗旨是服务用户，不排斥盈利。所以，售后体系有两个任务内涵突出：让客户满意，服务创造效益。

想让客户满意，首先要解决并预防客户遇到的实际问题。德国车虽然质量上乘，但进入中国后也遇到"水土不服"，需要因地制宜，及时调整产品设计。曾有客户反映车辆存在烧离合器的现象，虽然经调查后发现车辆本身并无问题，只是中德司机开车习惯不同，在中方要求下，德方进行了针对性的调整。中方还曾提出要求在奥迪水箱外加设滤网，挡住北方春夏的柳絮、解决水箱散热问题。还有一段时间，汽车油泵频繁出问题，后来发现中国燃油蜡质高，存有杂质，导致滤网堵塞，德方改进滤网后，问题迎刃而解。

为了让售后服务创造价值，需实施客户管理，提供高品质服务。为了给客户带来良好的售后体验，提高服务水平，进而加深对一汽 - 大众经销商的认可度，一汽 - 大众制定了一系列服务标准和举措。比如，在冬天遇到客户的汽车在路上抛锚，要求经销商前去救援时随带暖手宝——暖手又暖心。又如，一汽 - 大众要求经销商引导用户正确使用车辆，在东北、北京等地倡导客户使用雪地胎，有助于延长轮胎寿命，对客户关爱细致入微。再如，一汽 - 大众在所有授权生产厂家的机油外包装上印有"原装备件，安全可靠"和一汽 - 大众标识，且只向经销商专售，管控机油的质量。

1994 年国务院颁布《汽车工业产业政策》时，中德管理团队敏锐地嗅到中高端汽车市场在中国的发展潜力，认为向中高端家用型轿车市场实施战略转向、迅速抢占市场份额的最佳时期正在到来。

同时，一汽 - 大众已系统构建生产、研发、质保、人力、营销等各种关键体系。1995 年，"双品牌战略"得以应物成务。一汽 - 大众提出了双品牌战略，通过和德国奥迪公司签署《技术转让协议》，将中高端的奥迪品牌生产加入一汽 - 大众。奥迪品牌的引进奠定了一汽 - 大众长远发展的坚实基础，意义深远：不仅代表着产品线的拓展，更意味着一汽 - 大众向中高端乘用车市场的进军。

事实证明，引入奥迪的举措对于提升一汽 - 大众产品品牌力、拓展潜力巨大的中高端汽车市场发挥了重要作用，极具前瞻性。轿车二厂投入数年后，产能满负荷运转，产品供不应求。一汽 - 大众在大众品牌销售不佳之时，正是奥迪品牌支持了企业经营。

1999 年 9 月 6 日，奥迪 A6 中国型高级轿车在一汽 - 大众下线，全国人大常委会副委员长邹家华，全国政协常务委员、原机械工业部部长何光远等相关领导参加了下线仪式。奥迪 A6 的投产对一汽 - 大众绝对具有里程碑意义，开始进入双品牌战略时代。同年，一汽 - 大众在德国奥迪总部的支持下，率先引入 4S 模式与销售理念，实行品牌化战略。

1999 年，奥迪销售部成立。在双品牌战略下，奥迪是豪华品牌，大众是量产品牌，这需要一汽 - 大众员工掌握更高本领，勤学深究，竿头更进。实施奥迪 A6 项目时，奥迪公司格外重视，开了十多次高层会议，根据项目实施计划，像导航图一样推进，犹如作战，"践墨随敌，已决战事"。品牌的意识还体现在广告投入方面。奥迪营销全部由奥迪公司引领，经管会给予支持。奥迪公司时任副总裁施密特先生主张，先按照德国奥迪标准在全国选建十几家 4S 店，并获全力支

图 1-8　2000 年广东省珠海市一家奥迪品牌经销商展厅

持（见图 1-8）。4S 店需要透明的玻璃外墙，种种细节都是先人一步。销售业务的基本架构，极大受益于双方合资所带来的共赢效益。

一汽 - 大众真正开始进入现代化轿车生产则是从奥迪 A6 开始的，这款车具有划时代的意义。通过生产奥迪 A6，一汽 - 大众开始深谙产量控制、零件控制、生产控制等企业之道，奥迪 A6 这款车带来了对现代化轿车的新认识。

一汽 - 大众积极探索销售模式的变革。1998 年，一汽 - 大众团队去德国大众考察，学习了先进的营销政策，回来之后先尝试搞专营店，通过政策来进行调控，设立专门的补贴，推动整个渠道的模式转型，但转型并不彻底。1999 年，一汽 - 大众奥迪组建了"四位一体"的销售网络，就是所谓的 4S 店。此前，全国范围内几乎没有 4S 店这个概念，销售和服务分离。一汽 - 大众成立 4S 店模式之后直接先影响的是服务体系，也就是当时的服务站，当时服务站跟销售不亲，一汽-大众花了很长一段时间让服务站卖车，却没有成功。所以说 4S 店模式的建立，实际上是销售模式的改变。

1997 年 8 月 19 日，一汽-大众 15 万辆轿车工程验收，意味着中国第一个 15 万辆起步，高起点、专业化、大批量的现代化轿车工业基地建成。六大工艺逐步建立，生产能力形成；捷达改型、技术引入等进一步实现技术领先；大众管理经验全面融入，管理走向现代化；1998 年，一汽-大众成立销售有限责任公司，象征着其从汽车生产制造为中心，转向建立具备完整的经营管理体系的汽车公司。1995 年引进奥迪，1999 年奥迪 A6 投产，是一汽-大众立足已稳，随之向高端车型市场吹响的第一声冲锋号。（见图 1-9）

如今回忆起那段峥嵘岁月，一汽-大众在那风云际会的世纪之交，擘画宏构、研求探索，从自主经营的朴素理念出发，坚持国产化道路。一汽-大众上下修炼内功，未雨绸缪，居安思危，筑就了坚实牢固的基础，以蓬勃昂扬的姿态，阔步迈向企业全面布局的未来。

图 1-9 1997 年 8 月 19 日一汽-大众 15 万辆轿车工程项目通过国家验收

振足万里，风华正茂

——全面发展期（2006—2017 年）

狼堡签约提产，全国布局起航

2006 年，国家"十一五"规划的开局之年，我国总体社会经济环境运转良好：经济全球化趋势持续发展，我国改革开放逐步深入，经济取得高速发展。但同时，经济发展效率、区域协调发展、生态环境建设等方面的问题日益凸显。围绕"科学发展观"，"十一五"规划在转变经济增长方式，工业结构优化升级，区域协调发展，资源节约型、环境友好型社会建设等方面提出了一系列新的要求。"节能，出口，自主，标准，环保"成为国家社会对中国汽车行业的新期待，特别是加强对机动车生产、使用过程的监管，严格执行环保标准，控制污染物的增量。同时面对工业结构优化升级趋势，形成若干产能百万辆的企业，大型车企要发挥骨干企业作用。

早在 2003 年，一汽 - 大众就以前瞻的眼光与定位瞄准未来市场更大的需求缺口和产品多元化需求，对产能布局进行了重新规划，一汽 - 大众轿车二厂破土动工，于 2004 年 12 月 7 日正式建成投产（见

图 1-10　2004 年 12 月 7 日一汽－大众轿车二厂建成投产

图 1-10）。这标志着一汽 - 大众的生产规模进一步扩大，产品结构更加完善和丰富，综合竞争实力显著增强。轿车二厂的建成，承载着一汽 - 大众更高、更强的市场竞争力，在公司可持续发展战略中发挥着越来越重要的作用。

而在 2006 年，一汽 - 大众上上下下咬紧牙关，齐心协力，一转上年颓势，产销量突破 30 万辆，同比增长达到 41%，一举实现扭亏为盈。此时，轿车二厂也建成投产，公司发展势头良好，但中国汽车市场的未来走向如何？下一步谋划措置如何？经管会反复讨论，多次商议，百万辆的梦想日渐清晰。"但那时，中国乘用车整体产销刚过 500 万辆，一汽 - 大众二厂仅开一个班生产，100 万辆的目标似乎遥不可及，围绕此一话题，几乎成了泛泛而论，具体战略落实还遥遥无期。"时任一汽 - 大众总经理安铁成直言。

2007 年，董事会在德国大众总部召开，一切风平浪静，自助晚宴上，双方人士轻松惬意，谈笑风生，时任一汽集团总经理竺延风、德国大众集团董事会成员和时任一汽 - 大众总经理安铁成，现任一汽 - 大众总经理潘占福都在场，论及中国市场的巨大潜力以及一汽 - 大众的未来前景，共识达成，新目标呼之欲出，兴致所至，签署文件似成题中之义，但片纸皆无，就签在了餐布上！于是，在一块洁白崭新的餐布上赫然写下："2010 年 100 万辆，大众加奥迪。"随后一一签名。"按理说这并非正式的协议，但我和这一届经管会都认真了。"回国以后，安铁成立刻组织召开大会，主题是："面对 100 万辆，你准备好了吗？"会议上，安铁成详述百万辆流程规划、研发、质保、产能、人员、投资……

百万辆产能的基础是什么？一方面是构建采购、生产、质保、研发、人力、营销等体系能力；另一方面是新工厂建设被提上日程。围绕建新厂这一点，存在两个选择：继续在长春建厂，或是走出长春，异地建厂，布局全国。一汽 - 大众高层再三讨论，一致认为再继续把新厂建在长春，不能有效利用全国各地资源，且无形中增加了生产过于集中的经营风险，更重要的是，异地建厂、布局全国响应了"十一五"规划中"区域协调发展、工业结构优化升级"的方针政策，不仅能顺势而为，享受到政策红利，更体现了一汽 - 大众作为央企子公司的社会责任担当。

于是，以成都分公司的建设为起点的西南、华南、华东、华北四个基地建设的序幕由此正式拉开，从安铁成到张丕杰，全国布局持续跨越两任总经理任期，产能加速和规模扩张逐步实现。成都工厂作为第一个外地工厂，迅速帮助一汽 - 大众突破了原有的产能瓶颈，更填补了西南地区的汽车制造空白，通过产业集聚切实拉动了西南地区区域经济发展和产业升级。此后，佛山工厂作为一汽 - 大众首个"智慧工厂"，为一汽 - 大众其他生产基地起到示范作用，更为整个汽车制造行业探索智能创造的最前沿应用。随后建设的华东基地、华北基地，在前面工厂的基础上，进一步将技术创新、效率提升、环保与新能源理念渗入生产实践，落实企业社会责任，并推动一汽 - 大众的可持续发展。

西南布局产能，桃乡摇身车城

一汽 - 大众成都分公司历经计划酝酿、着手规划、艰辛筹备、异地建厂、改革阵痛等一系列艰苦的过程，在 2009 年 5 月 8 日正式挂牌成立，一汽 - 大众实现了建新厂的战略目标。作为首个外埠基地，成都分公司的建成标志着一汽 - 大众的全国布局迈出了关键的第一步。

其实成都人的轿车梦由来已久。1998 年四川旅行车制造厂建立，2002 年四川旅行车制造厂被一汽集团收购，成立了成都一汽汽车有限责任公司，2005 年时成都一汽由一汽集团的控股子公司进一步发展为全资子公司。成都一汽的建立离不开成都政府的全力支持。"并入一汽之后，当时的成都市政府对我们的发展理念是'不求所有，但求所在'，全力支持成都一汽上轿车。"一汽 - 大众成都分公司公关科经理吴萍说，"至于何种品牌轿车，幸福使者或者夏利，说法不一，但成都方面锁定了一汽 - 大众的产品。"

到 2006 年，成都一汽的主管团队进行了调整，时任总经理赵世胜、书记刘亦功、生产厂长王忠诚这三位曾在一汽 - 大众任职的领导进入成都一汽，这时，成都一汽上轿车迎来前所未有的契机。带着成都一汽和四川省政府上轿车的强烈愿望，他们三人积极与一汽和一汽 - 大众总部商谈，提出在成都一汽生产捷达的想法。尽管一汽表示支持，但却在德国大众遭遇了阻碍——对其生产能力存疑。

所幸中方管理层并未放弃，而是向双方股东做了进一步汇报，终于打动双方股东。在评审环节，成都一汽取得了 92 分的好成绩，充分证明了自身上轿车的能力。评审期间"5·12"汶川大地震发生，公司给员工放假，回家处理家里的事。次日，全成都均无开工企业，而成都一汽的全部骨干到位，实施全面检查，除了油漆线稍有状况即获解决外，其他完全符合生产条件。第三天，全员正常上班。此事之后，德国大众深受震动，同意在成都建厂。

此后，筹建中的艰辛却丝毫不减。根据德国大众的要求，作为国有企业，成都一汽在正式进入一汽 - 大众之前，必须进行管理架构改革，剥离与汽车主业不相关的业务，并按照一汽 - 大众的统一标准，逐一进行对标。业务精简后，岗位人员的调整随之而来。成都分公司的部分员工年龄偏大，不适应现代管理节奏与规范。人事无小事，时任一汽 - 大众成都分公司总经理亲自耐心细致地做工作，最终实现了"无一员工上访，无一员工上街闹事"。

尽管首次异地建厂备尝艰辛，一汽 - 大众却以勇于探索、敢于创新之精神，在排除万难的同时积累起异地建厂的经验。成都工厂建设时的"零部件园区"便首开国内汽车行业之先河。最初在成都开始生产捷达时，所有零部件，包括保险杠均从长春运过来，仅这一项单车成本就增加 2 000—3 000 元。除物流成本高企，像前后保险杠这样的油漆件，运输过程中不免磕碰，问题丛生，并且也难以做到准时供货。如何解决零部件运输带来的诸多不便，以及大幅提升的成本呢？

安铁成受到德国奥迪卫星工厂概念的启发，提出在成都也建设一个类似的零部件园区的想法。但供应商担心投资风险，最初并不愿响应。于是，一汽 - 大众领导与成都政府部门商谈，即获大力支持，优惠政策出台无虞，比如，零地价，甚至可给三年税收优惠。在成都市政府支持下，一汽 - 大众召开供应商动员大会，宣讲成都零部件园区一站式服务的优惠政策，立即吸引了40多家供应商进驻，效果显著。"零部件园区"的建设，既有效解决了一汽 - 大众异地建厂过程中的物流运输高成本问题，成为此后异地建厂的"标配"，更促成大量零部件供应商进驻成都，拉动了当地产业升级，刺激区域经济增长，实现一汽 - 大众、零部件供应商以及当地经济三方共赢。

作为首个异地整车制造基地，一汽 - 大众成都分公司占地超2 000亩，2009年启动建设，2011年至2015年间项目一、二、三期陆续建成投产，兴建了技术领先的冲压车间、焊装车间、涂装车间、总装车间，标志一汽 - 大众西南基地的全面建成。2015年11月，四期扩能项目正式投产。（见图1-11）

对于一汽 - 大众而言，一汽 - 大众成都分公司的建成不仅大大缓解了供求矛盾，产能瓶颈之困，在全行业其产量爬坡速度更属首屈一

图 1-11　一汽 - 大众西南基地

指。2012 年，分公司迅速释放产能，轿车（全新速腾＋捷达 A2）生产突破 25 万辆。2014 年 4 月 15 日，累计总产量达到 100 万辆，仅用 5 年的时间就完成了百万辆整车的生产。到 2016 年，产量再次突破历史纪录，达到 70 万台，实现产值 550 亿元，同时在 4 月 15 日实现第 200 万辆整车下线。2017 年，分公司实现近 67 万辆整车生产，产值 501 亿元，占四川省汽车总产量 52% 的份额，占一汽 - 大众总产量的 1/3，连续 7 年产量占比全公司第一。

如此傲人成绩背后，是公司对生产效率的不懈追求。成都分公司通过深入挖掘产能，持续进行产线升级，才使得生产效率不断提升，日产突破 2 400 辆。截至 2019 年 4 月，一汽 - 大众成都分公司已累计实现整车生产超过 410 万辆，从 0 ～ 200 万辆，成都分公司用了 6 年时间；从 200 万 ～ 400 万辆，只用了不到 3 年的时间。成都分公司以其强大的生产能力创造了汽车生产的"成都速度"。同时，国家"十一五"规划明确提出西部大开发战略，为成都工厂的顺利建成和后续发展提供了良好的外部环境。成都工厂的建成，国家层面的政策支持和地方政府的全力投入所发挥的作用不容小觑。其实一开始成都工厂的厂址并不在龙泉驿，而是在四川旅行车制造厂所在的市区，然而那里仅有 100 亩地，发展空间极其有限，根本不足以支撑一汽 - 大众规划的国内产能第一大工厂的定位。于是，成都市政府就在当时还不发达的龙泉驿区划拨了 1 000 多亩地，又协助将市区的土地拍卖获利 7 亿多元，服务企业之周到，亦足见市政府的诚意。

以产量速度闻名的成都工厂并不满于此。2019 年，成都分公司再次实现历史性跨越：完成从一个品牌两款车型，到两个品牌四款车型的产品布局。JETTA 品牌作为大众品牌旗下全新子品牌加入公司的生产产品矩阵中，以进一步满足中国年轻用户购车需求。作为纯正德系品牌，成都分公司在 JETTA 品牌生产中全面应用大众集团全球共享的 MQB 平台，传承发扬了一汽 - 大众安全、可靠、高品质的特质。

在一汽 - 大众落户龙泉驿之前，2006 年，龙泉驿的农业总产值占全区生产总值的 26%，大量劳动力资源附着在农业相关产业中未被释放出来，这里的农民世代以种植山间水蜜桃为生。2006 年当年逾六成人口人均年收入勉强超 5 000 元。一汽 - 大众的落户改变了这一切，作为龙泉驿区龙头企业，不仅直接提升了当地的产值、优化升级了当地的产业结构，拉动了当地的就业，充分发挥了当地的劳动力优势，而且还带动了一大批供应商在此落户，进一步提升了当地的经济发展水平，2019 年生产总值已达 1 300 多亿元，各项经济指标较之十多年前有了质的飞跃。"从种桃到造车"，龙泉驿的故事成为西南开发、产业升级的时代缩影。

满足西部地区和全国范围内日益增长的市场需求，成为一汽 - 大众全国战略布局的重要组成部分，也以其整车制造的巨大拉动作用，为成都市汽车及零部件行业的发展作出了突出贡献。成都分公司的建成填补了四川高品质轿车大规模生产的空白，直接带动了包括发动机厂、零部件园区和物流园区在内的一个完整的汽车产业链的发展，随之吸引了包括吉利、沃尔沃、丰田、神龙等在内的多家大型车企落户成都，为当地提供近 10 万个就业机会。其实，在一汽 - 大众到来之前，四川是没有大规模汽车生产的。毫不夸张地说，是一汽 - 大众成都分公司圆了四川人民做了很多年的"汽车梦"——从工厂投入、建设、投产、达产，从零部件到生产直至物流，一汽 - 大众的扎根落户直接在成都乃至在四川省建成了一条完整的汽车产业链。由此推动整个成都乃至四川的汽车产业进入快速发展轨道，让四川省的汽车工业在全国占有一席之地，也为西部地区汽车产业格局优化注入了新的活力。

华南跃进智造，佛山腾笼换鸟

在成都工厂建设期间，国内宏观经济和汽车市场保持持续快速增长的态势。2009 年中国汽车产销量更是首次超过美国，中国成为全球产销量第一的国家。而同期国内汽车市场人均保有量远低于国外人均汽车保有量，意味着中国汽车市场发展潜力仍然巨大。

在国内汽车市场供不应求、竞争加剧的大环境下，一汽 - 大众产能加速、工厂扩张的脚步一刻也不停歇。事实上，尽管当时"一汽 - 大众已有 3 个生产厂，但每年要生产超过 100 万辆汽车，已超出当初的产能设计"。由此，在异地建设第二个工厂的计划疾速提上日程。同时，一汽 - 大众也意识到产能扩张一定要建立在坚实的产品质量基础上才能真正保证市场份额的持续增长，换言之，质与量的结合方能真正顺应市场需求。由此，相比于先前的工厂，在第二个异地工厂的构建规划上，一汽 - 大众尤其重视"智能制造"、产业升级的推进与落实。

2009 年 11 月中旬，一汽 - 大众董事会决定启动第二个异地工厂的选址计划。一汽 - 大众瞄准了广东佛山，这个以工业制造和实体经济为长的城市。2008 年的全球金融危机席卷全球，造成了广泛的负面影响，却并没有给佛山带来严重的经济下滑，其工业总产值甚至一度超过了广州，无愧于"中国制造业腹地"之称。2009 年之前，佛山的工业还是以传统制造为主，典型的支柱产业如陶瓷生产，存在大量的低附加值、高污染、高耗能的落后产能，于是当时的佛山市领导班子针对性地制定了产业升级战略：优化原有产业（"三个一批"战略：扶持壮大一批、改造提升一批、转移淘汰一批和"双转移"战略：

产业转移、劳动力转移），引进先进产业和高附加值、低污染、低耗能的产能，主攻智能制造，实现"腾笼换鸟"。佛山从"制造"到"智造"的产业升级规划，正与一汽 - 大众的建厂规划不谋而合。

2010 年，一汽 - 大众正式决定将第二个异地工厂布局佛山，作为其华南基地。尽管成都工厂为后续外埠工厂的建设提供了宝贵经验，但建设佛山工厂时，新问题还是接踵而来。怎样保证新工厂按期投产并稳定运行？成都工厂建成后，公司资源有限，如何克服管理人员匮乏等问题？一切困难无不考验着一汽 - 大众人的管理智慧。

好在佛山工厂早有准备，提前布局。2011 年 2 月，一汽 - 大众佛山工厂打下第一根桩，12 月佛山分公司成立，而其人员培训工作于 8 月启动。通过有针对性的培训，一汽 - 大众保障了一线操作人员、班组长、工段长、工程师、经理人员等迅速胜任所在岗位，为佛山工厂的建设、投产以及之后的产能爬坡提供源源不竭的动力源泉。在管理岗位上，佛山工厂开启"全员新岗位"的管理模式，本部管理人员抵达佛山，职位则提升一级，极大地解决了管理资源不足的难题。同时，为打造佛山工厂的高质量团队，佛山公司采取了"8+2"的培训模式：除八小时工作之外，再加两个小时的培训，效果显著。

2013 年 9 月 25 日，佛山华南基地建成投产，占地 2 500 亩，主要生产大众、奥迪双品牌车型，一期产能达 30 万辆。作为中国第一个 MQB（横置发动机模块化平台）工厂，佛山华南基地在 14 个月内就完成了 3 个车型的 SOP（开始量产）。2014 年，佛山华南基地迎来德国大众康采恩的 VDA6.3 审核，以 91 分的高分达到了绿区，在德国大众康采恩中排名第三，创下康采恩首次参评即达绿区的新工厂纪录。同年华南基地二期项目正式奠基，计划产能为 30 万辆，二期投产后，华南基地整体形成年产 60 万辆的能力。

除了产量的提升，佛山工厂最为称道的还是它"完美工厂"的美誉，此后日益发挥巨大的示范和引领作用。"完美工厂"之所以"完美"，一源于其极高的标准化程度；二源于其"智慧工厂"的创新与探索达全行业顶尖水平。

佛山华南基地的规划和建设，参考德国大众最完善的工厂建设标准与原则，将零部件园区、动力总成园区、物流园区合理分布在厂区周围 5 公里范围内，缩短零部件供应，形成产业链集群。除了工厂规划设计、工艺运用的标准化，佛山工厂进一步在人力资源的可复制培养、产品质量的一致性方面进行探索，成为一汽 - 大众打造完全可复制的异地建厂模式的关键环节。（见图 1-12）

作为一汽 - 大众"智慧工厂"的样板，华南基地为推动五大基地全面创新、数字化转型以及整体产业升级作出了先进示范，具体体现在智能化生产、智能化和数字化运营、先导项目、科技育人等多个方面。

图 1-12　一汽 - 大众华南基地

智能化生产。佛山工厂的冲压车间拥有国际最先进的伺服压力机钢 - 铝混合开卷落料生产线，自动化率 100%，全球领先；焊装车间拥有超过 914 台机器人，柔性化生产程度引领世界，并在国内首次引入 IPG 激光焊接工艺；涂装车间大量运用国际领先的自动化设备，自动化率 72%；总装车间自主开发并使用无线扳手智能定位系统，在大众全球居于前列。

智能化与数字化运营。佛山工厂拥有无人、熄灯的冲压车间，工序无人化，智能生产，智能维修；焊装车间建有工具共享，配备智能化库房，使用高精度自动检测设备实施质量监控与测量；涂装车间采用喷涂打印技术，PMS 车间管理系统；总装车间中 CP7 匹配质量检测自动化，CP8 返修抢单系统；智慧物流采用灯光拣选 PTL、AGV、SUMA2.0、自动化要货、库存可视化；智能质量 IT 系统实现人与机器的系统数据互联和实时数据展示。同时佛山工厂实行数字化运营，全景实时可视：面向决策层、管理层、作业层可进行多语言、实时可视的智能预警；数据管控机制：厂区中央的管控中心监控整个工厂所有车间的生产情况；数字化物流可视化：总装车间"物流超市"面积达 1.5 万平方米，拥有数字化管理系统。

产学研融合与数字化培训。与华为、IBM、清华大学汽车研究院在"智能制造、智能供应链、绿色园区、智能社区、智能可视"五大领域进行全面深入的技术创新和业务数字化探索。VR 技术在新能源汽车培训中应用广泛，不仅节约资金成本，而且实现异地共享、提高培训效率。

华南基地已建成了一汽 - 大众首个 MEB 工厂，2020—2022 年计划导入 6 款 MEB 平台产品，全部在此生产。华南基地将针对新能源车型的工艺及产品技术特点，通过对供应商及整车生产全过程进行质量管控、生产工艺过程认可、整车高压系统功能检测等手段，建设全员全岗位新能源车型管理体系与流程。

作为中国市场经济最成熟、最发达的地区，广东千人汽车保有量在国内位居前列，是汽车消费的最大市场之一，具有巨大的发展潜力。而佛山地处珠江三角洲，不仅是经济重镇，更拥有良好的制造业基础。华南基地的全面建成投产，标志着一汽 - 大众的战略布局向纵深推进，进一步巩固了一汽 - 大众在华南市场的地位，一方面为广东汽车市场乃至珠三角地区的经济发展带来新的增长点——佛山工厂所在地狮山镇从南海区最贫困最边缘的局促之地一跃而起，成为南海区的第二中心，带动了超过 2 000 亿元规模的产值，助力 2018 年佛山迈入 GDP "万亿俱乐部"；另一方面更带动区域经济的整体产业升级和产业链的加快完善。

其一，完善产业链。一汽 - 大众在进行整车厂规划的同时，零部件企业也在同步规划。在整车厂周边 5 公里范围内，华南基地建设了一个完整的零部件园区，至少超过 50 家零部件企业已从全国各地落户佛山建设工厂，以实现同步建设和投产，提高运营效率。零部件园的建设，大大缩短了华南基地的物流周期，提高了运营效率。整车厂和零部件园区极大地改变了广州、佛山两地的汽车产业格局，促进广佛两地乃至广东全省汽车产业链的提升和完善。

其二，推动制造业升级。华南基地也以其"智慧工厂"的特色，加快佛山制造业转型升级，向智能化、高端化发展，助力佛山打造广佛西部汽车产业城与国家制造业创新中心。智能制造和战略性新兴产业，正是佛山未来想要推行的战略发展重点方向，而新能源汽车、智能制造、数字经济和电子信息产业，正是佛山市南海区的未来战略发展方向，一汽 - 大众工厂的落成大力促进了佛山在相关领域的发展，助力佛山成为全国汽车智能制造的领头羊。

其三，促进农业产业升级。此外，华南基地对佛山周边也通过"以园带村"提升了农村的民生水平，促进农业的产业升级。

青山就是金山，区域迈进全国

成都、佛山工厂布局较早，但在"2020战略"提出后，为了契合"提高产能，稳中求胜"的生产目标，一汽-大众再次踏上了扩张之路，继续追求辐射全国的生产布局。作为全国产业布局的空白地带，华东地区首先吸引了一汽-大众人的目光。从战略角度来看，华东的长三角地区极具消费潜力，经济影响力巨大，但一汽-大众难以进入。紧靠长三角地区，有德系传统的两个城市——华东的青岛和华中的武汉。考虑到青岛与一汽-大众更长久的合作历史以及与德系文化的历史渊源，一汽-大众决定布局华东，在青岛投资建厂。

经历了成都、佛山两个外埠工厂的成功后，从厂址选择、新厂建设直至建成后产能提升，一汽-大众已形成了一套严密的新厂筹建流程，新厂建设也更为顺利。2015年7月，青岛工厂开工，这是一汽-大众建设的第三个外埠工厂。由于建设标准工厂已成为共识，青岛工厂吸取了佛山的建厂经验，相应作出调整。比如，在管控中心中间留出通道，满足国内消防法规方面的要求；改善办公条件等。在硬件方面，青岛工厂创新性地使用了国产冲压线等一批高水平国产设备，在稳定性及售后服务方面甚至优于进口设备。历时33个月，一汽-大众青岛分公司顺利落成投产，辐射华东，这座"绿色"工厂年产量达30万辆，成为一汽-大众全国生产布局中的重要一环。（见图1-13）

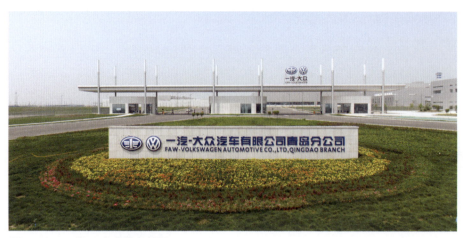

图 1-13 一汽 - 大众华东基地

习近平总书记指出："绿水青山，就是金山银山。"华东基地深度结合国家关于建设资源节约型、环境友好型社会的发展规划，既保护环境，留下了"绿水青山"，又高效创造"金山银山"，形成了环保绿色工厂的独特标识，将"完美工厂"的内涵进一步拓展。华东基地荣获中国绿色工业建筑国家级评价标准"绿色建筑"设计标识三星认证，采用多项环保先进技术。在华东基地建设过程中，工艺、建筑、公用设计方案均实行节能减排措施：采用总功率达到 11 MWp 的屋顶光伏电站，有效减少温室气体及有害气体的排放。涂装车间拥有多项环保技术亮点，应用干式水幕技术，实现 90% 空气循环，每年能够节水 1.7 万吨，整体能耗下降 70%。配置废气焚烧系统，实现 VOC 接近零排放，该技术为山东地区首次采用。采用水性漆工艺，使得单车 VOC 下降 80%，可以让全年减少 1.9 吨 VOC 的排放。总装车间采用的淋雨测试循环用水技术，相比较普通淋雨每天 4 500 吨的用水量，每天只需要 100 吨即可满足日产 1 200 台需求，大幅度节约了珍贵的水资源。一汽 - 大众致力于建设"环保、完美工厂"的背后，是其对于初心的坚守：兼顾经济效益与社会效益，坚持承担企业社会责任，推动企业乃至行业的可持续发展。

与前面两座外地工厂一样，一汽 - 大众华东基地项目的落成对于当地的经济发展也起到巨大的推动作用。在投资拉动方面，作为青岛汽车产业基地的龙头，华东基地吸引了来自配套供应商的 50 亿元投资，包括一汽富维、一汽 - 法雷奥、一汽富晟、长春塔奥等 10 家一汽集团零部件供应商，目前都已完成厂房建设，进入设备安装阶段，直接投资达 8 亿元人民币。在供应商拉动方面，华东基地共采用包括土建材料、设备等 31 家青岛本地供应商采购，其中国有 4 家、民营 13 家、外资 / 合资 14 家，吸引投资共计 17 亿元人民币。在就业拉动方面，华东基地为当地提供 3 000 多个就业岗位；相应配套供应商提供 5 000 ～ 10 000 个就业岗位，极大推动改善了当地就业。

随着青岛工厂的建成，第四个外地工厂建设也加紧步伐。其实，当一汽 - 大众还在青岛和武汉两城之间踟蹰选择之时，天津市政府已开始关注一汽 - 大众新工厂的选址问题，并频繁与北京的德方沟通。天津体量庞大，市政府又怀有诚意，考虑到其经济体量及其对华北地区的辐射能力，建设天津工厂几乎顺理成章。2014 年 7 月 7 日，在中国国家总理李克强和德国总理默克尔的见证下，一汽与大众在北京签署了《关于建立一汽 - 大众新生产基地联合声明》，确定将在天津建立华北基地。

2016 年 5 月 18 日，一汽 - 大众华北基地在天津开工建设，拥有前面三次异地建厂的经验和一系列标准化技术和管理规范的积累，天津工厂的建设更为顺利。从启动到建成投产用时仅 23 个月，一座 30 万辆标准的汽车工厂便拔地而起，堪称汽车史上的奇迹。作为一汽 - 大众五大基地的收官之作，一汽 - 大众天津工厂集技术、效能、环保

图 1-14　一汽 - 大众华北基地

等于一体，围绕"精效"理念，实行高品质、高效率、高发展的运作。然而，天津工厂的建成投产还只能说迈出了第一步，产能的增加、分配、调整，增投新能源车，乃至青岛、天津的二期工程投建等，犹待时日。任重道远，千里之行贵在不舍。（见图 1-14）

一汽 - 大众五大基地，以长春为中心，辐射西南、华南、华东、华北，围绕着"创新""绿色""智慧""活力""精效"五大关键词打造，基本实现了当初布局全国、优化成本、降低风险的战略意图。至此，"2020 战略"中关于生产体系强化的战略目标已基本达成，如今，一汽 - 大众的基础已足够坚固，迈向新征程、攀向新高峰，指日可待。

战略体系初建，社会责任当先

就在 2011 年，一汽 - 大众产销超过 100 万辆，同比增长近 20%，有两个已投产的生产基地、一个在建的生产基地，俨然成为全国最庞大的合资汽车企业之一。而中国车市仍属增量市场，蛋糕在不断变大，新的车企不断入场，试图从中分一杯羹。面对日益增长的市场规模，更加多元的市场格局，一汽 - 大众生产规模大，技术高，竞争力强，能轻松实现盈利，实际上已处于相对有利的优势地位。但下一步怎么走？一汽 - 大众开始思考。

2011 年之前，一汽 - 大众的战略往往隐藏在其发展脉络中，尚无战略研究部门，事关公司未来走向的重大决策多由经管会决定，往往成立专项工作组，指派一位高级经理牵头负责推进。但在技术创新日新月异、市场快速变化、消费者要求日益复杂、跨界竞争屡见不鲜的情况下，寥寥数人已难支撑专业系统的市场研判、战略制定、落地实施，更无法形成足够强大的动态应变能力，以应对新趋势、新变化。于是在第三个 10 年开启之时建立正式机构以弥补这一不足，成为一汽 - 大众能否长久持续发展的关键。

2011 年，一汽 - 大众正式成立战略支持部门，将战略决策能力纳入体系，总体考虑公司的战略发展，思考新 10 年的发展道路。两年后，张丕杰成为一汽 - 大众汽车有限公司第五任总经理。而且在包括麦肯锡在内的咨询公司持续支持辅助下，战略体系初具形神。张丕杰认为，强大的体系能力足以支撑一家成熟企业的长远发展。因此加强一汽 - 大众，延续其良性发展才是接下来工作的重点。换句话说，固本强基、稳中求胜才是未来战略的主旋律。一汽 - 大众将着重于产业规模的扩大，人才的培养和管理，良性发展的延续，建立更加强大、稳固的体系能力。在这种思想的指导下，一汽 - 大众于 2013 年开始制定"2020 战略"，对产销规模、企业的良性发展提出了新的要求。2014 年，随着第 1 000 万辆整车下线，一汽 - 大众正式发布了"2020 战略"，持续推动体系能力提升。

　　"2020 战略"包括一个目标、四个维度。"一个目标"指到 2020 年实现年产销 300 万辆规模；"四个维度"内容包括销量和市场份额领先同行、保持较高的经营质量、确立最佳生产质量和客户满意度、成为优秀的企业公民以及践行企业社会责任的典范。从"2020 战略"开始，一汽 - 大众的战略制定走向体系化、规范化，这再次强化了一汽 - 大众针对市场需求随时应变的动态能力，也为之后"2025 战略"的诞生提供了有力保障。由此，一汽 - 大众一步步朝着"中国最优秀的汽车企业"的愿景靠近，逐步成长为中国领先的乘用车生产企业。

　　值得注意的是，随着规模的扩大，一汽 - 大众也在越来越积极地承担企业社会责任。和许多企业浮于表面、浅尝辄止的公益不同，一汽 - 大众更多的是用战略的眼光去布局公益，用体系的思想去践行社会责任。2014 年，一汽 - 大众推出完整的企业社会责任战略，承诺将企业社会责任建设视为企业发展的关键和今后工作的重心，并超越传统企业社会责任的概念，建立起涵盖基础责任和社会责任两大部分的责任体系，在运营、行业、产品、员工、生产环境和社会公益六个维度完成全面提升，履行"促人、车、社会和谐"的使命，实现"成为中国企业社会责任典范企业"的发展目标。在儿童关怀方面，一汽 - 大众拿出了系统的方案，普及交通安全知识，推广儿童座椅进入立法；精神上关注留守儿童心理健康；物质上帮助改善留守儿童生活，系统地帮助儿童。面对病患孤儿，一汽 - 大众建立了帮扶体系，启动"宝贝之家"项目，投入超过 1 000 万元人民币。只有以专业的、工作的态度去对待公益，去承担企业社会责任，才能真正让社会和消费者认可企业，树立良好的企业形象，让员工满怀荣誉。

　　承担企业社会责任不会给一汽 - 大众带来一分钱的直接经济利益，但一汽 - 大众人还是以饱满的热情和真诚的态度去为社会服务。一汽 - 大众一直以来对公益事业的关注受到社会各界的一致好评，彰显了一汽 - 大众人的社会责任心和人文关怀，而对高品质的追求，为社会奉献的精神，也融入一汽 - 大众的企业文化，助力一汽 - 大众的发展。

化蛹成蝶，风起云涌
——深化创变期（2017 年至今）

所在即是巅峰，未来皆是征途

21 世纪的第二个 10 年是风起云涌的，两个百年未有之大变局的加速到来在世界史上必将留下浓墨重彩的一笔。蒸汽机的发明带来了工业革命，也即第一次产业革命，开启了以机器代替人工劳动的工业文明时代；电力的广泛应用带来了第二次产业革命，电力取代蒸汽驱动了工业生产，使得机械的大规模应用成为可能；以电子计算机为载体的信息技术的出现，催生了第三次产业革命，推动了工业的精细化生产，更孕育了实体经济外的虚拟经济；深度学习为核心的人工智能算法、芯片技术、数据传输技术的迭代成熟为机器的智能化带来了曙光，第四次产业革命呼之欲出，人类第一次如此接近全面摆脱体力劳动的未来。伴随着人工智能产业革命的，是中华民族的伟大复兴。

2017 年也是一汽 - 大众走上巅峰的一年，这一年实现了第 1 500 万辆整车下线，一举突破了 200 万辆年销量；这一年，天津华北基地正式开工建设，一汽 - 大众全国性战略布局更上层楼。6 月，技术开发声学中心在长春基地正式落成，作为一汽 - 大众技术开发领域的一次突破，是整车特性本地化开发的重要一环，使公司初步具备了整车本地化的能力。12 月，一汽 - 大众黑河冬季试验场正式启用，对于公司自主研发具有里程碑意义，标志着技术开发部本土化试验能力的飞速发展。

但一汽 - 大众并未就此止步，并不因自身行业龙头地位和技术优势而自我倚恃，而是居安思危，敢于自我批判，勇于自我扬弃，疾驰驶入战略弯道，去迎接百年未有的汽车革命，迈入寻求自我变革突破的蝶变期。此时，第四次产业革命也为汽车行业带来了自 1886 年 1 月 29 日卡尔·本茨首次发明内燃机汽车后百年来第一次真正意义上的汽车革命，围绕内燃机设计的燃油车动力系统即将被电池为核心的新能源动力系统取代，以自动驾驶为关键的智能化使得汽车由代步工具变成娱乐、工作的载体，网联化使得车内车外世界的互动变为现实，"新四化"趋势，即电动化、网联化、智能化、共享化，明显加速，政府和市场更是对"新四化"的到来给予了鲜明的答复：

政策层面上，国内汽车行业新政不断：国六标准提前，《汽车产业中长期发展规划》《乘用车企业平均燃料消耗量与新能源汽车积分并行管理办法》等先后出台，推动新能源汽车以 50% 的增速高速发展。《新能源汽车产业发展规划（2021—2035 年）》产业政策提出："到 2025 年，新能源汽车新车销量占比达到 25% 左右，智能网联汽车新车销量占比达到 30%，高度自动驾驶智能网联汽车实现限定区域和特定场景商业化应用。"与之前温和的新能源补贴大拉动政策不同，前所未见的双积分政策来势汹汹，逼迫车企提升乘用车节能水平，扩大新能源汽车的生产比例。这使得对传统燃油车依赖极大、新能源产品尚未发力的一汽 - 大众不得不进行抉择。

市场层面上，来自互联网的造车新势力和共享出行公司正在搅动整个汽车行业。行业的结构性转变为特斯拉、Waymo、滴滴等新进入者创造了巨大的机遇。新能源车企依托在智能化技术创新应用方面的实力和激进战略，对传统厂商形成猛烈攻势，不断冲击传统车企的护城河。尤其是特斯拉的上海"超级工厂"落地，在 4 年内享有免除税收优惠的同时规避了关税，依托中国成熟的汽车配件产业链极大地降低了成本，为汽车销售市场激烈的价格战再添一把火。同时，在新能源汽车领域，老牌企业纷纷投入数十亿美元开发技术、产品和商业模式，以应对新环境下的竞争。而从消费群体角度看，消费年轻化和消费升级浪潮的快速到来，对个性化定制、新能源、智能互联及自动驾驶的需求正逐渐形成，让企业的转型升级变得更加紧迫。

与汽车革命同时发生的，还有中国汽车市场深刻的结构性变化，中国汽车行业由朝气蓬勃的发展期迈入竞争激烈的成熟期，增长疲软，已从爆发式增长阶段逐渐转变为"高基数、微增长"乃至 2018 年以后的零增长、负增长的成熟发展阶段。同时，进口汽车关税下调、汽车购置税优惠政策退坡对企业销量造成不小的冲击。在存量市场下，零和博弈游戏使得车企间的竞争日益激烈，以往的蓝海如今已一片赤红。

在汽车产业的转型发展中，一汽 - 大众面临着传统业务与新兴业务"双线作战"的挑战。在传统燃油车领域，消费者对 SUV 的热爱，导致了 SUV 市场的井喷式发展，SUV 市场成为中国汽车市场近几年发展中增长最快的细分市场，在 2013—2017 年间，乘用车市场销量从 1 600 万辆增长到 2 400 万辆，其中 SUV 车型贡献了接近 90% 的增长量，但过去 10 年间一汽 - 大众品牌竟无一款 SUV 轿车上市，错失了这一时期的巨大市场增量本可以带来的利润红利与市场影响力。缺少 SUV、市场覆盖率占比持续走低的一汽 - 大众，若想巩固在传统领域的优势地位，补齐 SUV 产品短板，争取 SUV 市场份额，就成了当务之急。

"没有罗盘的航船，就不会有方向。"同样，没有明确战略的企业也将无法成长壮大，对于一汽 - 大众来说更是如此。复杂、充满挑战的外部环境和新的发展趋势促使一汽 - 大众重新思考其战略方向。2017 年，一汽 - 大众驭势思变，正式对外发布面向更加长远未来的"2025 战略"，提出要专注于战略的落地执行，为用户打造"更加高品质的汽车生活"。（见图 1-15）"2025 战略"为一汽 - 大众今后的发展指明了方向，制定了一系列新的战略目标，推动全

图 1-15　一汽 - 大众 2025 战略

方位战略转型。一汽 - 大众致力于打造高效、可持续、和谐共进的体系能力，并用前瞻的眼光加速布局新业务，将在高效的组织发展、持续的企业发展、强健的业务增长、前瞻的未来布局、和谐共进的发展等五大领域全面发力。具体地，可将其概括为新业务开拓、传统业务布局、敏捷组织建设以及企业可持续发展四大战略着力点。

一汽 - 大众的战略转型带来体系能力的突破，而其一以贯之的企业文化协作精神、精益精神等则在其中充分发挥关键作用，包括整合组织内外部资源和基础能力、推动战略执行。从五大基地的全面落成

到数字化战略的实际落地，再到疫情期间复工复产过程中呈现的文化韧性，无不体现出一汽 - 大众强大的文化能力和持续的创新活力。

引领"新四化"潮流，探索新兴业务

一汽 - 大众开拓新兴业务，欲做"新四化"浪潮上的弄潮儿。在电动化方面，打造卓越电动车产品，构建新能源产业生态圈。一汽 - 大众将大力发展新能源汽车，持续扩大市场份额。在智能化方面，一汽 - 大众与领先科技企业战略携手，共同探索应用场景丰富、聚焦用户痛点的 AI 解决方案，为智能化的全面到来做好充分的技术前置准备。此外，一汽 - 大众将在车联网与移动出行领域同时发力，打造面向未来的万物互联生态圈。在移动出行领域力争打入全国一批重点城市市场前三，车联网前装率达到 100%，为用户提供线上线下充分融合、全天候、重体验的综合出行服务。

首先，共谋"新四化"，打造生态圈。在电动化领域，一汽 - 大众携手德方供应商打造卓越电动车产品：不仅规划占地 9 500 平方米的新能源中心，还在华南基地引入大众集团电动车战略的重要技术支撑——MEB 平台的生产基地。（见图 1-16）MEB 平台基于大众模块化理念而来，可打造不同车身轴距，并根据不同电动车的需求调校出不同的续航里程。具有极强的扩展性和生产灵活性，此外还同步建设了新的 MEB 电池车间。在 MEB 平台的加持下，华南基地将成为大众集团电动汽车战略的样板工厂。在打造新能源产业链生态圈中，一汽 - 大众还与多家核心供应商合作，积极布局新能源汽车的核心技术。以锂电池为例，一汽 - 大众在电池技术方面的先见之明可追溯到与宁德时代的携手。一汽 - 大众延续其一贯以来对供应商的严格品质要求，

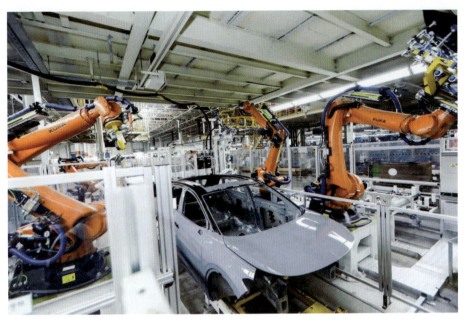

图 1-16　一汽 - 大众华南基地 MEB 总装车间

在 2012 年——电动化的鸿蒙时期——就在电池技术规范方面坚持当时较国内更为严格的德国标准。在 2019 年 1 月，一汽股份与宁德时代共同注资 20 亿元，成立了时代一汽动力电池有限公司，为一汽旗下新能源战略提供坚实的核心技术支撑。

在智能化方面，一汽 - 大众与领先科技企业战略携手，共同寻找应用范围更广泛深入的数字化解决方案。2019 年 4 月，由一汽 - 大众与大众中国合资的摩斯智联科技有限公司正式成立，着力开发车联网。这是落实一汽 - 大众 2025 战略的重要举措。摩斯智联将为一汽 - 大众所有大众品牌车型提供数字化服务，助力一汽 - 大众在数字化时代的长远发展。也将成为一汽 - 大众探寻智能交通等新兴领域的拓路先锋。

2016 年 11 月，一汽 - 大众携手 IBM、华为在华南基地正式签署

《创新与数字化转型战略合作协议》，在技术创新、全面的业务数据化等方面展开深入探索和发展，加速创新与数字化战略布局。一汽 - 大众也成为国内汽车行业首家同时与三家信息科技公司合作，携手开展技术创新和业务转型的汽车企业。2020 年 9 月，一汽 - 大众和斑马网络在线签署战略合作协议，双方将在人工智能、大数据分析、智能汽车操作系统和智能座舱领域建立战略合作关系，组建联合产品团队，共同规划并设计车联网主线产品，推进数字化汽车的持续迭代。一汽 - 大众将借助斑马的产品及能力推进大数据模型、数据中台和数据治理的建设。同时，双方还将共同探索数字化营销模式，制定全渠道营销策略。此外，通过合作开发车联网产品，最大化地学习掌握核心产品技术、车联网开发模式、流程及团队管理方法，并在实际项目中实现快学快用。与斑马网络开启数字化转型战略合作，契合一汽 - 大众的战略布局。作为各自行业的领先企业，一汽 - 大众与斑马的强强联手将为用户带来数字化汽车的全新体验，打造汽车企业与互联网企业跨产业融合的创新样本。

通过与领先科技企业的深入合作，一汽 - 大众正逐步实现为用户提供更多元化、智能化的出行解决方案的美好愿景。

其次，产品做载体，服务新场景。一汽 - 大众更依托电动化产品，打造电动化、共享出行端到端全场景服务能力：持续发力落地高品质纯电动产品，在 2019 年推出宝来·纯电、高尔夫·纯电、奥迪 e-tron、奥迪 Q2L e-tron 等多款纯电动车车型。其中，宝来·纯电是一汽 - 大众首款投放市场的纯电动产品，首批产品已成功交付青岛市即墨区政府使用，支持地方政府推广新能源交通的战略。

为了满足电动出行的配套服务能力，2019 年 7 月，星星充电与大众汽车、一汽集团、江淮汽车成立开迈斯（CAMS）新能源科技公司，致力于电动汽车充电墙盒及充电桩相关技术的研发、安装、运营。这次合资有助于一汽-大众在充电服务能力上占得先机，打造核心竞争力。

此外，一汽-大众积极入局移动出行，并在打造自身共享品牌上取得了阶段性的成果：2018 年 4 月，一汽-大众品牌共享汽车"摩捷出行"正式上线，标志着大众品牌在全球体系内实现了移动出行领域从 0～1 的突破。"摩捷出行"这一产品有"自由掌控、自由取还、优质出行、经济实惠"四大亮点，在行业内首创了手机掌控、无钥匙控车以及"区域自由取还+网点"的模式，其车型覆盖大众品牌全系。同时，摩捷出行是一汽-大众于 2018 年 4 月推出的共享汽车品牌，为用户提供涵盖分时租赁、长短租等品类的出行服务。截至 2020 年 4 月，摩捷出行在吉林省和成都市开展业务，平台车辆规模达到 5 500 辆，注册用户已超过 50 万。（见图 1-17）

图 1-17　2018 年 4 月 2 日大众品牌共享汽车"摩捷出行"正式启动

拓展车后市场，补齐传统短板

一是车型成品牌，客群全覆盖。在"2025 战略"中，一汽 - 大众计划推出捷达品牌，让更多消费者开上高品质的汽车。这背后是一汽 - 大众第六任总经理刘亦功的战略考量：奥迪、大众、捷达三大品牌各司其职，豪华车型、高端车型和经济型车构成品牌矩阵，抢占更多市场份额。同时，将代表着经济适用车型的捷达品牌从大众的产品线中独立出去而"自立门户"，也有利于大众品牌保持自身定位中高端的品牌调性，保证中产阶级消费者对于大众品牌的认可。

2019 年，在全国五大基地生产布局的有力保障下，随着 28 款新车陆续投放，全新捷达品牌正式登场。捷达之所以能够成为一个品牌，有两点原因：首先，捷达在中国家喻户晓，产品影响力相当大。一说到捷达的特点，大家耳熟能详的就是它的皮实耐用、经济实惠。它具备了从一个产品到一个品牌的一些基本条件。其次，捷达还有独特的文化，捷达的成功，根本原因在于其不断进取的技术提升，而这，恰恰是新品牌需要的精神内核。"捷达能成功，跟产品本身的不断进取、对技术的不断提升密不可分。20 多年来，捷达最初是一个老的平台、一个老的产品引进，如果它没有变化，没有进步，不跟上时代，一定是被淘汰。所以它骨子里头就有种进取的精神，与时俱进的精神。"捷达始终沿着一个不断向上的路线，当向上到了一定阶段的时候，再进一步，就是真正的蜕变、真正的升华，从一个产品成为一个品牌。综合各方意见，最终，这个"专为中国的年轻人设计"的新品牌以捷达命名。

二是产品补空白，车后新市场。在产品线的布局上，一汽 - 大众奉行"规划一代、实施一代、优化一代全生命周期"的产品管理模式。
2018年、2019年，一汽 - 大众迎来了产品的爆发期，分别有11款、
12款新品投放市场，进一步丰富了产品线，为消费者提供更多元化
的选择。为弥补产品矩阵的空白、满足用户的多元需求、把握住持续
上扬的SUV市场，一汽 - 大众品牌推出系列SUV车型，拓展产品线。
2018年3月23日，大众全球SUV战略发布会在北京举行，探歌与
探岳两款SUV车型闪亮登场。探歌正式吹响了一汽 - 大众品牌进军
SUV市场的号角，而探岳作为一汽 - 大众倾力打造的SUV战略车型，
主打中高端SUV市场，2019年6月销售破万辆，9月破两万辆，上
市短短一年就跃升至细分市场TOP1，2019全年销售16.8万辆，自9
月以来连续3个月雄踞细分市场销量冠军。2020年3月，全新捷达
VS7正式宣布上市，开辟"高价值感中型SUV细分市场"，树立合
资中型SUV市场新的价值标杆。2020年4月，一汽 - 大众品牌首款
SUV新能源车型——探岳GTE上市，王牌车型和先锋技术的强强联
合，既是一汽 - 大众SUV战略和新能源战略的协同，更是大众汽车
标杆产品的再度进化。(见图1-18)

　　一汽 - 大众革新理念，积极拓展车后市场业务的背后，是一汽 -
大众对市场需求变化的深刻思考：传统意义上只关注造车、卖车的商
业模式将逐渐式微。"以前我们的使命是'造价值经典车，促人、车、
社会和谐'，目前作出一个重大调整，加上一句'创卓越出行服务'，
意思是除了造车以外，还提供出行服务，我们是综合出行服务提供
商，从制造品牌，向服务品牌过渡。"时任一汽 - 大众销售有限责任
公司新业务部部长扈圣刚说。以用户服务、二手车业务为触点，一
汽 - 大众奥迪着力打造了覆盖买车、用车、换车的全生命周期服务体
验。一汽 - 大众对车后市场的开发，为客户提供了以品牌力为支撑的

图 1-18 　一汽 - 大众产品矩阵

高质量、可信赖售后服务，不但拓展了公司的盈利点，且使用户对品牌的信任和黏性同步提高。意义非凡的是，品牌获得了对客户的更多触点，通过利用数字化技术对车后市场进行数据收集与分析，一汽 - 大众更能了解客户要求与产品优化方向。最终，通过车后市场的构建，形成"利用客户信息有的放矢地改善产品，服务客户"这一良性循环，持续提高用户对产品与服务的满意度。2019 年，一汽 - 大众奥迪实现了连续 7 年获得 J.D.Power "中国汽车售后服务满意度"和"中国汽车销售满意度"双料冠军的辉煌成就，二手车业务更斩获了销量突破 10 万辆，同比增长接近两位数的荣耀战绩。

数据驱动赋能，敏捷导向转型

为快速响应外部变化，一汽 - 大众提出"高效的组织发展"目标。以数字化技术为技术支撑，通过全面优化项目管理机制、精密协调产品生产全流程，力求建设高效、灵活的现代化企业管理，进一步打造敏捷型组织。

其一，小团队作战，大组织敏捷。建设敏捷型组织，一汽 - 大众首先在公司的体系架构上洗削更革：为了灵敏应对这一转型变革时期下随时有可能出现的全新业务领域，一汽 - 大众按照小团队作战模式，在新业务出现时，迅速设立跨专业的临时项目组或 PMO（项目管理办公室），分解成小团队，进行业务模式、商务模式、管理模式等的系统研究与业务孵化。新业务研究、孵化完成后，人员回归并交由原组织或设置新的组织机构继续承担，而小团队的使命也即刻终止。

在产品管理方面，一汽 - 大众成立专业专职的产品管理部门，将原来分散的、临时性的产品管理方式转化为专业、专职的管理模式，由专业人员替代兼职人员。以标准的流程、工具、方法、手册及 IT 系统辅助工作。产品管理部门按照产品需求设置项目组机构，下设各个生产部门组成的专业小组，形成敏捷的产品项目组织，体现敏捷化、专业化、流程化、数字化，进而高效地解决项目问题。

其二，数据是驱动，AI 来赋能。敏捷型组织和数字化转型结合才能保障战略制定和落地足够灵活、快速，因此一汽 - 大众依托 20 多年积累的扎实的信息化基础，苦练数字化内功。

在新一轮产业革命的前夜，外部环境瞬息万变。对汽车行业而言，数字化转型呼声由来已久，但不少企业受限于能力、成本等原因，一直处于"转型是找死，不转是等死"的发展困境。突如其来的新冠肺炎疫情，让不少此前未能痛下决心转型的企业陷入进退维谷的两难处境，也让整个行业清楚地看到数字化转型其实是助力企业渡过难关、谋划未来的一大"利器"。

数字化是强化跨部门跨体系沟通协同、增加企业协调性与敏捷性不可或缺的支撑。如果把一汽 - 大众比作一个人的整体，数字化技术就是无处不在的神经网络。大脑（管理层）的指令能通过神经高速传达到躯干的各部分，并及时根据躯体反馈，灵活调整行为，进行高度一致的迅捷行动。同时，躯体不同的部分之间，也通过神经网络实施协同工作，传递并共享信息，保证企业内体系运作的协调、稳定和高效。一汽 - 大众的数字化成就集中体现在两个典型案例上："智慧财务建设"与生产流程数字化上的"E 链"解决方案。

一汽 - 大众数字化建设的第一切入点，是智慧财务建设。在一汽 - 大众财务管理部部长廖欣悦看来，财务系统掌握着企业大量关键数据，能够为企业衡量经营成果和运营绩效提供重要依据。因此，财务在每次企业信息化转型中，都扮演着重要角色。

基于一汽 - 大众 2025 战略，2018 年财务管理部牵头启动财务共享中心的建设。通过数字化的"财务共享服务"平台，实现了全公司"五地六厂"海量财务信息的整合，有效推进了各部门之间的协同以及跨部门的协作。同时，财务数字化建设，让财务人员可以将更多精力投入洞察分析、制定战略决策上，也帮助其他员工养成利用数字化工具解决问题的思维。

财务数字化还能够让企业拥有"鹰眼"，防患于未然。一汽 - 大众利用大数据及人工智能技术，从财务视角对企业关键风险点构建数据模型，实时锁定高风险业务、高风险客户、高风险员工、高风险组织、高风险期间，提高企业经营过程的规范性、稳定性与抗风险能力。

在创建财务共享中心的基础上，2020 年 8 月，一汽 - 大众深化智慧财务数字化建设，全力构建智慧财务流程、智慧财务系统，实行全过程变革管理。"我们现在在做一个更复杂的财务数字化的项目，这将会彻底改变财务工作的方式。"一汽 - 大众（第一）财务副总经理施安德博士强调，"通过财务数字化，实现实时财务，进而促成公司决策层基于实时财务数据的实时决策。"

在生产流程上，一汽 - 大众吸取了大众康采恩体系平顺化生产和丰田"P链"的生产模式精髓，在此基础上，针对大众具有生产高度匹配营销的灵活性特点，自主研发 E 链（Equal-Lane）这一首创的供应链管理与精益化生产模式，以数据驱动的方式实现整个生产流程的智能化管理，打通从用户订单到生产过程中供应链的各个环节。（见图 1-19）

E 链的最大特点是，精确安排供应商和运输商方面的工作计划。成都分公司东工厂共有 48 条链区，每个链区由系统计算分配物料的数量和时间，抵达后直接分解上线。每条链上供应商的物料到货数量

图 1-19　一汽 - 大众西南基地车间 E 链现场图

经复杂的计算后，须实现空包数量最少，物料送达时间甚至精确到了分钟。

经过一年时间的不断改进，在生产线上，物料流和车身流协调统一，几近完美，生产线与物料之间周流运转自如。E 链落地，使生产过程不再有任何冗余环节，降本增效十分明显。在成都工厂，物流面积骤减近 80%，物流费用下降 67%，人员则锐减 50% 以上，从而使得生产一辆捷达车的成本节约近 600 元。这一系统化解决方案正在成为一汽 - 大众生产物流体系的核心。

E 链在一汽 - 大众的成功开发、运行，给德国大众和业内同行带来了极大的震撼。一汽 - 大众仍百尺竿头，更进一步，在现有模式基础之上，结合密集存储的自动化技术和智能调度算法技术，开发了"E链模式"的进阶版——"E 链立方"。与现有模式相比，"E 链立方"对复杂多品种生产线更具兼容性和适应性，将陆续在各地工厂启用。

一汽 - 大众在生产物流领域的数字化提案及相关成果应用将为未来的迭代发展打下基础，并渗透到全供应链。数字化由点及面，贯穿全供应链体系，变革前所未有。

体系创新与数字化更带来了企业管理方面的全方位突飞猛进。比如在"智慧工厂"，人力资源业务基础工作全部外包。通过数字化代替，管理近 5 万员工的人力资源部目前仅 70 多人。采购人员也不再是"商人"而是专家、行家，是供应商提升管理能力的助手、导师，是赋能其降本增效的行家里手。通过数字化，一汽 - 大众把"管、办"分开，让招标更加公开、透明。

依托数字化战略，一汽 - 大众长期布局的人才战略收效更加显著。"感谢多年来公司的薪酬制度，让我们能招来优秀的人才。我们部里的年轻人自己写程序串，自己做 AGV（物流自行小车），现在五大基地都上了 AGV。"一汽 - 大众生产管理部总监窦恒言说道。此外，通过数字化战略的实施，"去年我们已经把大众品牌的交车周期从 14 周缩短到 2 周，奥迪品牌的缩短到 4 周。"这大大提升了一汽 - 大众的生产效率。

在疫情期间，一汽 - 大众持续强化的数字化能力开花结果，已形成全面赋能企业运营之势。凭借其不断提升的数字化能力，一汽 - 大众能够全面协调"五地六厂"的生产体系，通过可视化、节点化的形式，确保庞大生产的高效运转。"在制造环节，不仅简单应用机器人实施作业，更是通过数字化应用，把所有设备的参数和运行表现，上传到云端，通过大数据开展自我进化式的分析。"原一汽 - 大众董事、党委书记、总经理刘亦功表示，通过数据分析、设备使用监控及运营管理，飞跃式地提高了工厂的管理效能。（见图 1-20）

图 1-20　2020 年 4 月一汽 - 大众实现第 2000 万辆整车下线

重组文化基因，保障持续发展

除了不断增强市场竞争力，一汽 - 大众还高度重视自身与社会的可持续发展。在自身的可持续发展上，企业愿景的进化展现的是企业文化基因与发展理念的变革，在企业文化层面为 2025 战略奠基；在社会的可持续发展上，一汽 - 大众主动展现作为大型国企的责任担当。自身命运，家国未来，必然是密不可分的。

在 2025 战略的框架下，一汽 - 大众提出更高发展要求，以高瞻远瞩的气魄，徐徐展开气势恢宏的崭新格局。企业愿景、使命和口号焕然一新，一汽 - 大众致力成为"中国最优秀的汽车企业，员工和伙伴心中最具活力的公司"，肩负起"造价值经典汽车，创卓越出行服务，促人、车、社会和谐"的使命。继续沿用"创·享高品质"的企业品牌理念，强调与客户、合作伙伴、员工和全社会之间的共赢。2025 的企业愿景升级，象征着一汽 - 大众从传统制造业的文化基因，进化到更加开放、智慧、灵活、充满活力的"智造业"文化基因。

一汽 - 大众的愿景，不仅拥有深厚的历史传承，更不断与时俱进。公司创立之初，耿昭杰先生与哈恩博士一致认为，一定要建设"中国最好的汽车合资企业"。这也成为公司愿景的基石。2006 年，公司第二次党员代表大会上，为了体现员工期望，党委首次明确提出了"两最"愿景，顺应了员工渴望在企业发展中实现自我价值的诉求。进入2017 年，公司认为，随着互联网时代到来，消费更加个性化、多元化。集团公司第十四次党代会提出强合作，打造合资合作 2.0，象征着一汽 - 大众跨入质量发展新阶段，即将在新业态、新技术、新项目等各方面激发活力，快速响应市场，在企业内部持续营造公司信任、付出、协同、透明、公平、公正、有担当的企业文化氛围。于是，再次对企业愿景进行优化更新，充分体现公司对释放全员活力的高度重视，筑造与用户、公众、上下游企业"伙伴"体系，共建"相生共赢"关系，塑造员工和合作伙伴心中最具活力的公司，进一步夯实一汽-大众可持续发展的根基。

同时，作为国内领先车企与国企的排头兵，一汽-大众积极响应国家号召，将企业社会责任上升到了战略高度。

2014年，第1000万辆整车下线之时，一汽-大众正式发布企业社会责任战略，在基础责任和社会责任两大方面不断发力，通过高品质的运营管理、高品质的行业贡献、高品质的产品、高品质的员工责任、高品质的环境管理体系五大领域的积极履行和深入参与，在矢志成为汽车行业领军者的同时，积极为社会发展和公益事业贡献自己的力量。在第一版企业社会责任战略的引导下，一汽-大众在基础责任和社会责任领域开展了众多项目，有力地支持了汽车产业可持续发展与公众环保意识的提高。2020年4月，站在年产销量突破200万辆，累计产量近2000万辆的起点，一汽-大众正式发布企业社会责任战略2.0，（见图1-21）秉持责任与担当的初心，在社会责任的道路上，聚众人之力，怀创变之思，砥砺前行。企业社会责任战略2.0以战略性企业社会责任为理论基础，将社会问题纳入企业的战略与实践中，通过寻找与解决社会问题，把握当前社会的迫切需求，并以此为基点，结合企业体系能力，进行企业社会责任战略与项目的正向创新，带动企业内外部利益相关方共同关注，积极参与，追求企业与社会的共享价值与共生共赢。

在新的社会责任战略指引下，一汽-大众在基础责任和社会责任两大维度持续耕耘，又适时而动，革故鼎新。

图 1-21　一汽 - 大众企业社会责任战略 2.0 发布

基础责任维度，一汽 - 大众积极顺应汽车"新四化"浪潮，持续深耕"五个高品质"。

产品方面，一汽 - 大众坚守产品质量，积极践行国家有关新能源汽车发展的号召，推出精准续航里程管理系统、人性化低电量管理系统以及先进 i Booster 能量回收等在内的多项新能源技术，有力地提升了一汽 - 大众新能源产品的竞争力。同时，通过合理选用并优化原材料，提升高强钢、铝、镁合金以及发泡材料或工艺等的使用，使整车质量大幅减轻，极大地提升了产品的经济性；3D 间隔织物等低 VOC 材料的使用，有效降低了车内气味及 VOC 水平，使产品更环保。

环境管理方面，一汽 - 大众在 2025 战略中专项设立"和谐共进的发展"模块，通过绿色生产、绿色产业链等维度打造环保标杆型企业。在生产领域，一汽 - 大众恪守对社会的承诺，严格执行国际与国家标准。工厂选址远离保护区，遵守国家环境法规，并积极配合国际与国家自然物种保护工作，对水体和生物多样性不构成影响。同时，一汽-大众承接大众集团 GO TO ZERO 零排放工厂战略目标，从环境规划、环境管理、原材料过程、工艺生产、技术应用、资源再利用、生物多样性、废弃物减量化、废气排放、CO_2 零排放、能源和水资源消耗等 12 个环保和能源维度持续优化工厂的节能减排水平，达到碳零排放的战略目标，为守护绿水青山贡献力量。

员工责任方面，一汽-大众建立了完善的职业发展通道和人员开发流程及体系，建立了覆盖技术、管理和技能类培训的一汽-大众学院，同时高度重视员工职业健康以及员工福利与服务。

运营管理与行业贡献方面，一汽-大众采购、生产管理部多个部门和体系全面参与。在采购体系，一汽-大众推进"战略导向型采购"，实现对供应商全生命周期的闭环管理，提升供应商能力；在生产管理体系，公司创造性地提出"E 链"，有效降低单车物流物资消耗，缩短库存周期，大量节省了库房面积，并减少 IT 系统的投入及其维护，提升物流效率。高效的生产带动了汽车行业的快速发展，也在全产业链中创造了大量工作岗位。长春供应商增加就业岗位超过 2 万个，成都、天津供应商分别增加就业岗位近 1 万个，佛山、青岛供应商分别增加就业岗位超过 4 000 个。

社会责任维度，一汽-大众专注儿童关爱、交通安全、绿色环保、精准扶贫、灾害救助五大领域。

面对新冠肺炎疫情，2020 年伊始，一汽-大众第一时间响应抗疫一线需要，先后累计捐助人民币 4 000 万元驰援"战"疫，向疫情严重的湖北省黄冈市、黄石市、孝感市、随州市、襄阳市及四大基地所在地医疗机构提供医疗物资、设备，也为医护人员送上了温暖和关怀。截至 2020 年 4 月底，一汽-大众累计向湖北五市及四大基地所在地捐助包括医用口罩 23 085 个，呼吸机 68 台，心电图机 2 台，注射泵 27 台，输液泵 7 台，病床 100 张，消毒液 100 桶，体外膜肺（ECMO）1 台，可视喉镜 15 台在内，价值超 2 000 万元人民币的抗疫医疗设备及物资，直接支持共 28 家医疗机构的抗疫工作。此外，一汽 - 大众还以数百万元专项资金支持黄石市医护人员隔离住宿以及多地的医护人员抗疫工作津贴发放，让白衣战士感受到来自企业公民的温暖与支持。

2020 年 5 月以来，吉林省吉林市、舒兰市疫情防控压力持续增加。为了给疫情之下的吉林地区少年儿童提供及时的健康保障，一汽 - 大众再度携旗下大众、奥迪、捷达三大品牌，启动 200 万元人民币备灾资金，用于支持吉林地区部分定点儿童医疗机构的医疗卫生服务水平提升与儿童健康知识普及工作，护佑少年儿童健康。截至 6 月中旬，一汽 - 大众向吉林市儿童医院提供心电图机 8 台、血液分析仪 1 台以及价值近 100 万元的医疗防护物资，支援当地儿童防疫工作。同时，印有一汽 - 大众 Logo 的防疫知识宣传海报也在医院内外广泛张贴，积极传递防疫知识的同时，彰显企业的社会责任与担当。

孩子是祖国未来的希望。儿童关爱方面，一汽 - 大众品牌积极开展"一汽 - 大众探歌探岳爱心助学"公益行动，长隆儿童交通安全教育基地也于近日正式落成。奥迪品牌爱佑·一汽 - 大众奥迪上海宝贝之家项目至今已收治病患孤儿 1 636 名，其中 1 623 名孩子成功完成整个救助过程，37 259 名中外志愿者参与日常陪伴。

面对汽车"新四化"浪潮与国家建设生态文明的号召，一汽 - 大众将绿色环保这一社会责任领域与汽车科技创新有机结合，联合清华大学与中华环境保护基金会，创造性地开展一汽 - 大众汽车环保创新引领计划，聚焦新能源汽车环境评价、动力电池回收等五大领域，十二大课题，凝聚行业顶尖智慧、号召社会各界力量，共同助力科技创新的"种子"茁壮成长，共促人、车、社会、环境的和谐共生。截至 2020 年 5 月中旬，项目共收到 35 份项目申报书，申报方既包括清华大学、上海交通大学、同济大学、哈尔滨工业大学、北京航空航天大学、吉林大学等在内的国内知名高校，更有中国科学院、中国环境科学院、生态环境部固体废物与化学品管理技术中心、交通运输部规划研究院、中汽研、中汽数据公司等汽车行业研究机构。2020 年 6 月，项目迎来初审，20 个潜力项目入围路演终审。7 月 9 日，路演终审以全网直播的形式拉开帷幕，获得了来自媒体、公众、行业的广泛关注，总观看人数突破 26 000 人次，点赞数突破 10 万，向社会各界广泛传递了一汽 - 大众矢志汽车环保科技创新、推动产业发展的责任担当。

助力伙伴抗疫，彰显文化韧性

面对 2020 年突发的新冠疫情，一汽 - 大众凭借其组织敏捷和文化韧性优势，处变不惊，果断应变，逆势而上。科学高效的决策机制和快捷有效的危机应变能力，不但帮助一汽 - 大众度过了疫情危机，更占据了市场先机，进一步拉开了与主要竞争对手的差距。

2020 年 2 月 13 日，一汽 - 大众正式复工，是国内最早复工的车企之一。经管会下达了清晰坚定的管理指示，员工们团结配合，上下同心，使得一汽 - 大众在危急之中快速、灵活地适应形势：第一时间成立疫情防控应急指挥机构，同时成立多个专项工作组，应对了 160 项国内零件、69 项国际零件的供货风险，仅用 1 个月时间便将单日产量恢复至 7 000 台，做到了精准防控，安全有序地实现五大生产基地全面复工复产。尤为难能可贵的是，一汽 - 大众五地六厂，共 4 万多名员工，在生产开展得轰轰烈烈的情况下，由于整体防疫工作及时到位，未出现一例新冠确诊病例。

一汽 - 大众同样也不忘支援产业链上下游的经销商和供应商伙伴。在经销商伙伴方面全"心"投入关怀。2020 年上半年，受疫情影响，经销商开业时间延迟，盈利水平直面挑战，收入与业绩强相关的经销商核心人员收入水平也面临巨大威胁。为保障经销商人员稳定性，大众品牌率先制定了经销商专项奖励政策，对经销商市场、销售和售后部门多个岗位设置积分奖励，最大限度帮助经销商保留人才。同时，大众品牌通过呼叫中心，定期向经销商员工发送关怀短信，传递信心，共克时艰。为了减缓经销商经营压力，一汽 - 大众先后给予经销商数十亿元融资支持，助其挺过难关，同时联合公司各部门制定了延长融资还款期限，增加返利红票兑付，简化满意度政策、品牌规范政策考核等措施减轻经销商运营压力。此外，一汽 - 大众更着力帮助经销商解决库存问题，旗下大众、奥迪、捷达三大品牌的库存系数控制在相当低的水平，进一步缓解经销商的库存压力。

而在供应端，一汽 - 大众的供应商体系极为庞大，覆盖国内外，仅国内的一级生产供应商就多达数百家。对于疫情期间困难重重的供应商，原一汽 - 大众作出了一个汽车史上史无前例的决定：由车企派出员工，千里驰援，支持其复工复产。

一汽 - 大众的智能座舱系统、主动安全系统、新能源汽车电子系统与电器开关等多项设备的供应商温州长江汽车电子有限公司，由于其大部分员工来自湖北，疫情之下难以复工，生产告急。在此背景下，原一汽 - 大众总经理刘亦功紧急动员，成立一汽 - 大众支援温州长江小组，制订整体工作计划。从想法到论证评估、决策启动、周密筹备、启程出征，3 小时成立项目工作小组，12 小时形成项目方案，

图 1-22　佛山分公司抗疫保产突击队凯旋归来

24 小时支援突击队集结完毕，52 小时保障物资采购到位，72 小时十余部门通力合作，156 名最美逆行者奔赴温州。突击队经过一个多月的生产，最终抢回了包含三大品牌 8 万辆车的配套件供应，有力保障了生产的平稳有序进行。（见图 1-22）

截至 2020 年 2 月 18 日，一汽 - 大众 356 家一级供应商中的 318 家已实现复工，供应商复工率达到 89%，对于暂未复工但很快能复工的供应商，一汽 - 大众提前联络空运及专车紧急运输，确保复工后的产品能更快抵达工厂；对于那些在相当长时间内都无法复工的供应商，则启动临时代替方案，从其他区域拥有资质的供应商处获得零部件产品。

在欧洲疫情显现加速蔓延之时，一汽 - 大众收到来自德国合作伙伴借鉴防疫措施的请求，一汽 - 大众迅速全面梳理总结前期实施的疫情防控经验，编成《新冠肺炎疫情防控手册》，以最快速度经由大众中国传递至德国大众。德国大众不仅全盘借鉴了一汽 - 大众的防疫经验，还将《新冠肺炎疫情防控手册》提交至欧洲汽车工业联合会。在严峻的全球防疫战中，这份凝聚了一汽 - 大众实践经验与集体智慧的手册，赢得了广泛积极评价和高度赞誉，为中欧汽车产业防疫提供了重要参考，更提振了信心。

重新审视未来：敢问路在何方？

2018 年，中国车市出现 30 年来首次负增长，而 2020 年初暴发的新冠肺炎疫情，无疑雪上加霜，又给车市蒙上了一层阴影。面对车市增速放缓、整体利润下滑、市场多元化、存量市场几成定局、传统车企的两极分化也日益明显的大环境，以制造业思维为根本逻辑的中国传统汽车企业欲图生存，乃至占据新一轮产业变革内的主导权，主要有以下六大问题亟待解决。

其一，新能源时代的到来打破了整车厂对于动力系统技术的垄断，掌握核心电池技术的电池厂商如宁德时代，颠覆了过去供应商与整车厂的关系，长此以往，整车厂极有可能丢失硬件生产的主导权，因此诸多车企都采取不同程度的行动，规模排名前列的车企要么自建电池生产能力（比亚迪、特斯拉等），要么积极与电池厂商合作，希望通过电池模块生产上的分工（电池厂商生产电芯、模组，车企主导设计、生产电池包）一定程度上制衡电池厂商可能形成的技术垄断，避免被供应商"反客为主"。但随着电池技术越加成熟，如 CTP 技术的应用，这种分工模式很有可能会破产。如何平衡与电池厂商的关系，成为车企面临的一道难题。

其二，未来乘用车市场的形态极有可能演化为，软件以硬件为载体，成为品牌差异化最重要的因素。在这一背景下，车企研发、掌握以自动驾驶为核心的汽车智能模块，乃至整个车载系统在内的关键软件技术和对应的互联网服务体系，就格外重要。这一问题又依赖于开发模式，具体来说可分为三种：一是从 0～1 打造软件开发能力（过去绝大多数车企都只是聚焦硬件研发），这一模式的缺陷很明显，就是车企天生并无互联网基因，从硬件开发向软件开发存在天然的壁垒。二是打造数字汽车生态圈，引入诸如互联网公司、科技公司的行业外部伙伴，通过战略联盟、合资等方式共同研发车载系统，打造互联网服务体系。三是将车载系统模块外包，利用其他平台的成熟技术赋能本品牌汽车，这一模式的缺陷在于随着硬件在汽车产品中的地位式微，不做软件的车企话语权只会日薄西山，最终只能把主导权拱手让于软件商、互联网公司，沦为代工厂。

其三，现阶段共享出行尚未形成清晰的盈利模式，缺乏互联网服务运营能力的车企要么迎难而上，与滴滴在内的出行公司厮杀；要么采用租赁（特别是分时租赁）的模式参与到共享出行的大战中去，但问题是，究竟哪一个模式有更大的盈利空间？抑或是二者都将被证明难以为继？这是车企需要探索和思考的另一个问题。

其四，面对疫情和各国的工业民粹政策，全球化的脚步逡巡不前甚至出现倒退，全球供应链也变得更为脆弱，虽然过去因为政策和成本原因，大部分国内车企都已经达到九成以上的国产化率，但许多关键零部件还是依赖于进口，2019 年全年零部件进口达 367 亿美元。一旦全球供应链出现问题，就会引发零部件库存不足甚至停产的风险，如何进一步减少进口、提升核心部件国产化率，是当下车企绕不开的话题。

其五，2018 年后，车企股比向外资完全放开，合资企业中中外双方的关系显得更加微妙，对于中方而言，危与机并存：过去靠政策保护的议价权一夜之间消失了，如果在此之前没有形成强大的体系能力，只是靠政策保护躺着赚钱，那么外资提升股比是迟早的事，这是危；在具备强大体系能力的基础上，利用好中国市场在"新四化"上相比欧洲、日韩的绝对领先优势，弯道超车，迅速提升话语权、议价权，最终主导支配合资企业，这是机。如何平衡合资中的中外关系，值得深思。

其六，21 世纪的数字化与 20 世纪的信息化存在一个显著不同，不再简单地以打通信息传输链作为主要的价值定位，而是更多地利用大数据、人工智能、机器学习的技术，挖掘第四生产要素"数据"的价值，不管是在客户需求的实时感知、产品设计研发的敏捷迭代，还是在生产、物流的降本提效，乃至营销、销售和客户服务的优化，如何更好地利用数字化应用实现这些目标，还需要进一步的思考与探索。

试看当今天下，处于百年未有之大变局中。世界格局风云变幻，中国正处于实现民族崛起、伟大复兴的关键时期，外部复杂环境与内部发展动因交织。

同时数字化技术正在催生新一轮的产业变革，并将深刻改变世界，"万物互联"科技新局面扑面而来；云计算、大数据正在改写商业社会的运行逻辑，人类的想象力仍无法预知人工智能的未来。

在世界变局波谲云诡、科技迅猛发展的今天，汽车行业自诞生以来第一次迎来技术革命。其中最具颠覆性的认知变化是，汽车将如同电脑手机一般成为终端与软件载体，这将彻底改变汽车的制造逻辑，也将在新的生活场景中将人们更紧密地联系起来。不以主观意志为转移，在技术上人类越发成为命运共同体的趋势。

作为"最初的一汽 - 大众人"，一汽 - 大众第六任总经理刘亦功更认为自己是"永远的一汽 - 大众人"。自 1992 年来到一汽 - 大众这片希望的沃土，他便在这里留下了坚实的足迹。虽经变动，历久弥坚。2017 年 9 月，刘亦功再次回到一汽 - 大众，以掌门人的身份与它再续前缘。物是，人非。站在一汽 - 大众巨轮船头的刘亦功，带领企业在未来布局、经营管理、产品规划等各个航道奋楫前行，努力创造机会和竞争对手切磋、学习。

"越是在困难的时候，越要利用市场压力进行变革，用前瞻的视角为企业未来发展夯实好基础。"秉持"创变"之思，面对采访时刘亦功说，"作为一汽 - 大众的第六任总经理，舞台扩大的同时，也感到了责任的重大。几年的实践使我深刻地认识到，如今的一汽 - 大众已经成长为中国汽车行业当之无愧的排头兵，这傲人业绩的取得归功于一汽 - 大众每一任总经理的持续努力，归功于一汽 - 大众每一位员工的辛勤付出，归功于一汽集团和德国大众股东的支持和关爱。

这两年，中国汽车市场在高速增长多年后出现下降趋势，而汽车'新四化'势头却在不可阻挡地上升，这一降一升交织在一起，给一汽 - 大众的发展提出了新的课题，前路多变，步履艰难，唯有信心百倍，才能气象万千。我们一汽 - 大众有丰富的产品线，有叫得响的产品质量，有坚不可摧的体系能力，有无往而不胜的员工队伍，在向汽车'新四化'的进军中，我们没有理由不取得佳绩！"

如果把一汽 - 大众看作一个完整的人，三十而立的一汽 - 大众血气方刚，豪情满怀，蓄势待发，未来可期。在承上启下的关键时刻，2020 年 12 月 12 日，一汽 - 大众迎来了第七任总经理潘占福。新任掌舵者潘占福毕业于同济大学机械工程系机械制造工艺及设备自动化专业，曾就职于机械工业第九设计研究院、中国驻德国大使馆、中国一汽。2011 年，他加入一汽 - 大众，先后担任一汽 - 大众轿车二厂厂长、规划部部长、采购总监。2017 年，调任中国一汽合资合作事业管理部部长。2019 年 12 月，担任合资合作事业管理部总经理。潘占福在汽车制造领域及一汽 - 大众管理岗位上工作多年，拥有丰富的合资公司运营管理经验。新掌舵者受命赴任，一汽 - 大众三十年铢积寸累的巨大潜能释放，使人们对于这家优秀的合资公司的未来充满新的期待。

一汽 - 大众的"2025 战略"已对未来发展作出全面谋划，成为"中国最优秀的汽车企业，员工和伙伴心中最具活力的公司"是一汽 - 大众美好的愿景，是一汽 - 大众人神圣的目标。相信一汽 - 大众一定能在激烈的市场竞争中继续勇立潮头，乘风破浪，披荆斩棘，去夺取一个又一个胜利，创造一个又一个辉煌！

参考文献

[1] 徐秉金，欧阳敏 . 中国轿车风云 [M]. 北京：企业管理出版社，2012

[2] 彭波，吴昕等 . 麦肯锡中国汽车行业 CEO 季刊：制胜汽车行业下半场 [R/OL]. 2020

[3] 成都市龙泉驿区年国民经济和社会发展统计公报 [R/OL]. 2006

[4] 成都市龙泉驿区年国民经济和社会发展统计公报 [R/OL]. 2006

[5] 罗荣晋 . 工银投行 . 境外疫情冲击国内汽车零部件市场 [EB/OL]. https://mp.weixin.qq.com/s/TKYbf_s1_j73wjfrqgbepg，2020-04-16

[6] 谭语嫣 . 中国金融四十人论坛 . 从"制造"到"智造"，佛山如何实现产业转型升级？[EB/OL]. https://www.sohu.com/a/214443154_257448，2018-01-03

[7] 中信建设证券 . 大众电动化平台（MEB）深度分析报告 [EB/OL]. https://www.sohu.com/a/313498526_560178，2019-05-12

第二编

厚植创变

2019 年，一汽－大众提出"聚力"前行，从全价值链"优化""共创""革新"三个角度出发，提升精益化水平，这标志着一汽－大众全面进入战略发展新阶段。在此之前，一汽－大众着力实施重大体系建设，包括围绕采购、生产、质保、研发、人力、营销六大职能体系，深入夯实基础，力行变革创新，在建设中求变，在求变中谋发展，与国家振兴民族工业的方向一致，与满足人民日益增长的物质需求目标相谐，符合改革开放的历史潮流，顺应了时代发展的根本要求。

采购体系

在采购体系方面，一汽 - 大众始终立足传统优势，稳扎稳打，步步为营，不失时机，乘势而动，面向未来全盘布局，打造"全价值链采购"。目前，整个采购体系存在着"采购规模大、任务繁重而复杂、采购人员有限、高风险"的问题，若想实现"全价值链"，数字化能力的构建是核心：通过搭建数字化采购平台，使一汽 - 大众采购全体系联动，实现精细化管理、工作流程阳光透明，最终达成工作效率与效益的提升。

艰难采购路，跋涉见坦途

一汽 - 大众的采购部门在发展过程中面临着来自内外部的诸多挑战。从内部看，一汽 - 大众最主要面临着来自成本的压力，由此引出技术专利权、异地组装厂零部件运输距离过长等诸多问题。着眼于外部，一汽 - 大众面临着诸如汽车技术更新迭代、原材料市场波动频繁、国际汇率变化一系列充满不确定性的挑战。

成本的压力，在敲定一汽 - 大众合资的那一刻，就注定成为发展过程中"双刃剑"的一面——质量高，成本也难下，伴随企业发展始终是一个痼疾。就德系车而言，工艺精湛是其招牌，零部件相较于其他同类厂商更为精密，在同级别车中，价格往往偏贵：一分钱一分货，对质量的高要求不可避免地抬升了价格。再者，一汽 - 大众无论是从引进之初的捷达车型，还是于 1999 年下线的奥迪品牌，在中国汽车市场上都内秉着源自"德国大众"基因的高定位。其高质量不仅是一汽 - 大众能打出的广告词，更是核心竞争力与品牌的魂魄所在。

一汽 - 大众在零件质量上有严格要求。相较于其他同类厂商，一汽 - 大众对板件公差的要求更高，在一些重要板件上，公差会比其他同类厂商小 50% 甚至是 70%。对于零部件的严格要求成就了一汽 - 大众各车型的品质。在各项参数指标（如马力、扭矩等）相近的情况下，一汽 - 大众得益于生产的精度高，在整车优化方面有其独到之处，所产汽车在同级别车中性能总能名列前茅，其"省油不省品质"的特点也颇具名声。一汽 - 大众则依托强大的内部体系，通过精益的制造管理模式，不断地对整体动力系统进行优化，无论是在车辆安全或行车经济性方面都做到了行业领先。

然而，恰如硬币之两面，一汽 - 大众在强调更加精益制造、更高质量的同时，也面临着巨大的成本压力：一方面，在客观事实上，中国的汽车零部件供应商在一汽 - 大众的发展初期供应链不完善、技术能力与量产能力弱，部分零件供应只能任凭国际供应商垄断；另一方面，一汽 - 大众始终秉承质量至上的理念。正是由于以上原因，一汽 - 大众在很多零件上还需要从德国大众、德国奥迪进口，在中国国内工厂装车。仅国际运费与关税就极大抬高了一汽 - 大众的造车成本，更不用说伴随的国际供应不稳定性和汇率波动对其长期发展的不稳定性。

此外，一汽 - 大众还面临着诸多从前未曾遇到过的新问题。比如，之前在国内，人们的知识产权意识淡薄，而德国人则一向谨慎，十分重视知识产权。一汽 - 大众不得不注意这一问题，德方会派遣专人进行监督，一汽 - 大众只要使用了德方的知识产权，一定需要付费，且价格高昂，涉及核心技术，德方则不会出售。有求于人，必然会更多输出权益，加重自身的成本负担。

我国东南沿海，特别是在江浙沪地区，素有"江浙沪包邮区"的称号，足见在该地区，企业物流成本极为低廉。而一汽 - 大众地处东北，远离经济发达的长三角地区，公司整车产品的平均物流成本高于南方企业，这在一定程度上加重了一汽 - 大众的成本压力。另外，为扩大产能，加速布局全国市场，一汽 - 大众在全国扩建分厂。但在成都建立分厂的初期，整车组装的大小各种零部件均从长春基地运往成都。运输距离过长造成的直接影响就是企业内部的交易成本急剧上升，使得从其他方面费力压低的成本又反弹上来。一汽 - 大众成都分厂仅零部件运费一项，就使单车成本增加了 2 000 ~ 3 000 元。若长此以往，在全国其他地方建厂将毫无意义。

除了企业内部压力，一汽 - 大众还面临着外部挑战。对于一汽 - 大众这样一个用汇大户来说，汇率稍有变化，就会造成巨大的成本波动。2004 年，欧元汇率大幅上升，尚未卖出一辆车，一汽 - 大众潜在损失即达人民币 20 亿元。企业每年从国外购买零件，外汇额度居高不下。随着时间的推移，一汽 - 大众的外汇交易也渐成体系，时任金融管理部郝树涛说："我到公司那时候，银行科的职能也就是资金管理一项，再就是报销等这类最简单的职能。随着公司的发展，市场的需求越来越多了，对金融方面的需求也多了起来。举个例子，随着产量的增加，购买德国那边的零部件越来越多了，尤其奥迪。国产化率不像现在这么高，我们使用国外零部件的数量很大。零部件用欧元采购，面临欧元对人民币的汇率风险，我们用人民币兑换欧元，而汇率是有波动的。只要汇率稍微波动一下，损失的钱就得用亿来计算。"

此外，21世纪初，国家实行整车特征认证的政策，这一政策是指不通过一定比例的国产化认证，产品就要加增25%的关税，由整车主机厂承担。同时加入世界贸易组织以来，保护性关税的消失使得我国汽车市场呈现出白热化的竞争趋势。从此国内车企失去了天堑，在平原上与虎视眈眈的国际品牌角力。虽然一汽 - 大众长期销量稳居行业前列，但其他竞争对手步步紧逼，咄咄逼人，形势严峻。特别是日资、美资车企通过各种手段，把零部件成本压至极低。来自竞争对手和政策的双重压力将一汽 - 大众的后路彻底切断，唯有背水一战，加速国产化，降低成本，搏出一线生机。这要求一汽 - 大众采购部门必须将压力转变为动力，努力推进各种零部件的国产化进程。

零部件国产化的重要性，尽人皆知。关键是，一汽 - 大众必须拥有足够技术能力，对外取得德国大众本部的认可，对内加快培育符合质量要求的供应商体系，否则国产化便只是一句空谈。

一汽 - 大众为推进迈腾车型的国产化进程，需要开展迈腾加长的仿真计算项目，该项目委托德国大众实施。德方规定该项目只能在德国进行，于是一汽 - 大众就派人前往德国大众本部共同完成。但认可节点后，德方不同意把计算模型和计算结果发回一汽 - 大众，派去参与的人只能带回部分报告。一汽 - 大众欲购买完整报告，却又遭拒。无奈之下，一汽 - 大众决定独立自主，自行搭建模型，开展仿真计算。从DMU中的CAD模型和图纸中，一汽 - 大众技术人员从零开始，将所有安全工况都用自己建立的模型重新计算一遍，一个个零件和焊点，无一遗漏，与从德国带回的报告对比。在计算中，研发人员发现了一些德国大众未发现或疏忽的问题，将重新计算的结果及相关意见发给德国大众时，未获任何回复。此后，在着手实车试验时，验证了研发人员的想法——模型的计算结果与试验结果高度吻合。后来，德国大众相关人员来访，中方人员将模型结果及优化设想与之沟通，他们吃惊之余，未料到中方迅速得出了自己的计算结果，便授意中方立即把全部资料发给他们。一段时间之后，德国传来消息，德国大众愿将计算模型售予一汽 - 大众，并允诺今后开发项目时还可获取德国大众已有的计算模型。这是一汽 - 大众首次从德国大众得到模型。

正是由于中方的不懈努力，才使得大量零部件在得到德方认可的情况下推进国产化。零部件国产化不仅降低了关税成本，零部件的自身成本也得到了极大的降低。这两方面成本的降低使得一汽 - 大众旗下车型与国产竞品车型的竞争力大幅提升。

除了努力通过技术攻关进行零部件国产化，一汽 - 大众另一个降成本方针就是在保证采购的"质"与"量"上不断找方法、下功夫。

在"保量"采购方面，一汽 - 大众打出了多种国际领先采购方式的"组合拳"，联合采购就是其中一种。在成本会计中，产品总成本等于固定成本加可变成本，随着生产数量的不断上升，产品单位固定成本会不断下降，最终达到规模经济。可见，达到规模经济最主要的驱动力就是增加产品产量。而下游企业向上游供应商对同一类产品的订单越多，产品的单位成本就越低，下游企业的采购价格也就越低。一汽 - 大众内部的大众、奥迪和捷达三个子品牌在通用零部件上的采购是统一的。而且一汽 - 大众和上汽大众的很多车型采用的是同一平台，内部大多数零部件也可通用。对于这些通用的零部件，一汽 - 大众和上汽大众进行联合采购。南北大众会定期互派人员进行沟通，以便统筹协调采购工作。在联合采购政策下，一些通用零部件的年采购量可达到数百万级，这极有利于实现规模经济，压低采购价格。

不仅是企业内部，一汽 - 大众还联合供应商，发挥规模效应。从2004 年开始，针对大众集团体系内通用的平台通用零部件和电器零部件，一汽 - 大众开始组织参与联合采购，捆绑上汽大众和德国大众的零部件需求量，已实现成本优化的目的。

在"保质"方面，一汽 - 大众也有着一套构建稳定、可靠、可持续的供应链体系的独到经验。一汽 - 大众坚持打造"健康、稳定、可持续发展的供应链体系"，这体现在一汽 - 大众对于供应商的选择与培育上。一汽 - 大众首先要求自己的零部件供应商有体系能力要求和研发，要求其产品技术要求和质量具有一惯性，必须遵循严格的标准。为了达到这一目标，一汽 - 大众自有一套复杂的质量与技术认证体系。首先从外观、性能、材料以及功能上推行一系列认证，过程要求各不相同。同时，还有强大的整车试验认证，所有重要的零件均需经过几百万次的测试，经受实验室用各种实验装备的"考核"。全部环节完毕后，供应商生产的零部件才能获得认可。

在精挑细选供应商的基础上，一汽 - 大众在采购方面更别出心裁地采用"矩阵型"管理模式，在对供应商的能力要求与帮扶两方面双双加码，而不是当"提完高标准要求，便一走了之"的甩手掌柜。矩阵型管理模式指的是，在对某个项目的管理协调上采取"横向贯穿各个部门、纵向贯穿整个项目管理进程"的方式，使得每个部门在每个时间段都有明晰的任务，从而协调且有序地推进项目落地。对于外购零件，一汽 - 大众采用"SQE 会议"模式。"S"代表着采购部；"Q"代表着质保部；"E"代表着技术开发部。这也就意味着，一汽 - 大众每采购一个关键零部件，都会有来自采购、质保和技术开发部门的三个人共同负责，他们会严密监控关键零部件的科学采购。每个供应商厂家，都能得到采购工程师、质保工程师、技术开发工程师的实时跟踪服务；在解决关键问题时，第二个层级的专家就会跟进。一方面，德国大众、奥迪集团涉及铸塑、冲压、橡胶等多学科的专家团队会到现场帮助解决问题；另一方面，一汽 - 大众内部专家体系将从建立生产线、设备调试，直至生产工艺、人员管理，提供全程支持。第三个层级是来自奥迪、德国大众外协件生产准备专家的支持，他们会通过视频会议等方式，帮助一汽 - 大众供应商进行模具和生产工艺的可行性分析，把在国外开发的经验毫无保留地传承给一汽 - 大众和供应商团队，涉及调试、匹配等重点问题，此层级的专家还会莅临现场提供支持。如果出现问题，最终由采购部负责与供应商沟通解决。因此，一汽 - 大众使用的每个零部件，都能保证技术要求和质量要求，同时，也实现了成本的合理制定。一汽 - 大众"矩阵型"的组织模式已运行多年，国内汽车厂商深谙其益处。目前，多家国内先进汽车厂商已开始着手复制。同时，一汽 - 大众的供应商团队，也在以一汽 - 大众的管理方式为蓝本，推行组织机构的调整。

同时，一汽 - 大众持续进行供应商"五大能力评价与提升"工作。该项工作由采购部牵头，由质保、技术开发、生产管理部共同参与，对于供应商的生产保障能力、质量保障能力、技术开发能力、成本控制能力、可持续发展能力等进行系统的评价。对于每一项能力，一汽 - 大众都有高标准的评价细则：拿着五把高标准的"尺子"去评价供应商，抛出整改建议，持续帮助供应商进行全方位综合能力的提升，助推他们紧跟一汽 - 大众的发展步伐。而目前，国内汽车厂商大多仅对质量保障能力进行评价。比如，在衡量供应商成本控制能力时，一汽 - 大众细化到去评价供应商的库存大小，而长期高库存会导致成本增加，精益化的物流管理才能让供应商实现利润的最大化；又如，在可持续发展能力的评价中，一汽 - 大众会对供应商管理新项目的能力实施细分，助力供应商了解：如何能在从无到有的过程中控制新项目，达到及时将合格样件交到主机厂的目的。同时，可持续发展能力的评价还包括供应商是否有 3～5 年的发展规划，是否有发展愿景，这也就保证了供应商可以持续不断地跟随一汽 - 大众成长发展，同时降低了未来合作风险。目前，很多供应商已经完全吸收了五大能力的评价标准，在自身成长壮大的同时，也把五大能力标准要求用于自身供应商的评审和能力提升工作。一汽 - 大众供应商体系的培养，正在波及整个中国汽车产业，促使其健康快速成长。

多年来，一汽 - 大众通过科学采购，在保障品质与进度的前提下，成功控制了产品成本，完全消化了成本增量，同时保持着与供应商长期、稳定的伙伴关系。这些，都得益于一汽 - 大众国际领先的采购方式和先进的采购理念。

针对一汽 - 大众各个生产基地远离上游供应商，零部件运输成本过高的问题，一汽 - 大众联合当地政府，建设零部件园区，发挥产业集聚效应。在德国，奥迪有一个卫星工厂的概念，将奥迪的供应商聚集在一起，形成园区。时任总经理安铁成受到启发，提出能否在成都也建设一个类似的零部件园区。一汽 - 大众在成都建厂，零部件如果从外地供货，不仅物流成本高，像前后保险杠这样的油漆件，运输过程中难免磕碰，问题很多，并且也难以做到准时供货，建零部件园区被提上日程。然而，一些供应商担心投资有风险，最初不愿意去成都建厂。为了鼓励供应商赴成都建厂，一汽 - 大众负责推进零部件园区建设项目的采购部项目控制部部长吴静等人就想法说服供应商，并为他们创造更好的条件。一汽 - 大众领导还前往成都与政府部门洽谈，一汽 - 大众又召开供应商动员大会，宣讲零部件园区的优惠政策、政

务服务等，很快吸引了 40 多家供应商进驻。为了确保每家供应商都
正常运营，吴静等人挨家查看，跟踪建设进度，及时解决各种问题。

除了从企业内部进行降低成本，一汽 - 大众还不断降低企业外部
风险，如通过交易对冲缓解原材料价格波动问题。作为一家制造企
业，一汽 - 大众追求汇率、原材料供应价格的稳定，以便有条不紊地
按照最初制订的计划进行生产，否则整体规划就会被打破，从而对企
业的盈利产生重大影响。因此，实体制造企业为了规避这类风险，寻
找金融机构实施要素价格的风险对冲十分必要。

一汽 - 大众采购部每年都与供应商签订订货合同，供应商按合同
要求生产零部件，有些零部件，比如三元催化器，其中一些贵金属，
如铑、钯等量少但价格奇贵。曾有一段时间，原材料价格大幅波动，
通过商务谈判也无法消化，采购成本上升，压力骤增。如何利用金融
工具来化解风险、压力？时任一汽 - 大众销售有限公司副总经理徐锦
辉说："通过对标、交流，我们发现德国大众有这方面的成功经验，
简言之就是与供应商签署一个特殊约定（MTZ 材料价格补偿协议）：
如果贵金属原材料价格上涨，整车厂就给供应商补偿；如果价格下
跌，供应商则给整车厂补偿。这一方法能否在国内实行？时值 2008
年金融危机之后，中德两国的金融市场监管迥异。一方面我们需要充
分论证，同时还要说服外管局，寻找银行支撑这一业务。当时，金
融市场上只能找到德意志银行等少数几家外资银行愿意进行交易对
冲。"2009 年，经严密论证，一汽 - 大众金融管理部将可行性方案提
交经管会，获得了批准和授权。随后，徐锦辉带领银行科的同事正式
启动了贵金属（钯、铑）的保值交易业务。一汽 - 大众成为国内汽车
制造业中首家运用金融衍生品，对原材料大宗商品成本价格波动风险
实施对冲的企业。通过金融衍生品锁定贵金属市场价格，一汽 - 大众

把金融管理前端延伸到了供应商，消化了原材料价格波动对公司的影响。徐锦辉说："我们与银行做交易，签订合同，如果未来价格上涨，银行补偿给我们，我们再补偿给供应商；反之亦然。这样即便市场价格波动，对一汽 - 大众成本也不产生影响。""当然，贵金属波动起伏大，难以捉摸，对市场研判的要求极高，压力前所未有。一般汇率涨跌 10% 的波动都是很大的了，但是贵金属的涨跌幅度可以达到百分之几百。"

挑战存机遇，未来应可期

经过 30 年发展，一汽 - 大众年采购额超 2 000 亿元。一汽 - 大众在发展中形成的采购体系已日臻成熟，但近些年中国的汽车市场出现了一些新趋势，主要体现在三个层面："新四化"、个性化与环保化，这些趋势会对现有的采购体系构成新的挑战。

从行业技术层面来看，随着科技的发展，近年来汽车行业出现了"新四化"的趋势，即电动化、智能化、网联化、共享化。有别于传统汽车，未来汽车的价值构成会发生重大改变。汽车不再是简单地由一些机械零部件组装出来的行驶机器，或是为人提供更方便出行的工具，如今的造车技术，也早已不止于将机械零部件拼装、整合。未来电动化、智能化的趋势将愈加明显。在此过程中，采购环节相较于以前会发生一些颠覆性的变化，巨大的变化会使一汽 - 大众采购面临新的挑战。

从客户要求层面来看，随着人民生活水平不断提高，对生产生活用品品质的追求也不断提高。在汽车领域，人们不再满足于开得上车，而是逐渐开始追求驾驶一辆能够称心如意、满足自身偏好的车，而非来自流水线大同小异的车，运动型外观、舒适性设计、内饰颜色要求都可能成为新需求下的购车驱动，一汽 - 大众采购零部件的复杂程度在不断上升，如何统筹五花八门的零部件采购成为一项艰巨挑战。

从采购体系的发展阶段看，原有体系仍处于价格采购阶段，并未真正处在前沿：采购不仅是坐地还价的低买高卖，如何在保持既有优势前提下主动地创造财富、发掘价值，成为适应新时代发展亟须解决的问题。

当今时代，环保已成为人们的共识，国内相关环保法律法规日益健全，"国六排放标准"的实施标志着我国政府对机动车的排放出台了更严格的规范，与"国四"至"国五"相比，从"国五"到"国六"对碳排放的收紧力度要大很多。在此背景下，一汽 - 大众面临着逐渐加大的环保挑战。

以上各种情形、趋势慢慢发端、形成、延展，构成新挑战，导致一汽 - 大众采购规模不断扩大，造成其任务日渐繁复。一方面，面临更前沿的科技、更复杂的社会分工、更扩展的价值链，以往通过规模优势压低成本的潜力早已挖掘殆尽；另一方面，采购力量也日益局促有限，采购部工作压力积微成著，渐为不堪。显然，业务流程革新势在必行。为面对新挑战，一汽 - 大众采取了如下措施。

一是推行全价值链采购及相应的数字化平台支撑，实现全价值链的优化。全价值链指的是从原材料环节到加工制造环节，再到零部件使用及维修环节，直至使用寿命结束后零部件回收环节的统一管理。全价值链采购，可以将降成本压力分散至全价值链的各环节，以便各环节平均受压，不至于出现单个环节受压过剧，导致整体流程无法正常运转，最终影响全价值链的运转。

例如，电池在新能源汽车的价值构成中占了相当大的比重，不同级别的新能源汽车的电池在市场上的价格区间在几万元到几十万元等。一汽 - 大众采购现阶段正在打造新能源车用电池的全价值链，逐步掌握从电池原材料开采到废旧电池回收的各个环节。从源头控制原料有助于降低上游产品的价格波动，降低企业风险。从价值链下游来看，现在第一批上路的新能源汽车的电池到了更换周期，有大量的废旧电池被更换，而废旧电池有很高的回收利用价值。如果一汽 - 大众能够抓住这些废旧电池的回收利用价值，便能实现全价值链的优化，从各个方面而不是从一方面压缩成本。

同样，一汽 - 大众采购购入组装车辆各模块的机器人时考虑的也不仅仅是买机器人时的价格。因为机器人使用过程中的维护、保养等环节同样是整车成本不可忽视的组成部分，所以一汽 - 大众采购同时也会考虑机器人使用过程中解决其维护、保养等一系列问题要付出的成本，机器人使用周期结束后的处理等诸多因素。考虑完这些因素后，一汽 - 大众采购才会作出最终决定，实现对全价值链的优化，进一步控制成本。

一汽 - 大众采购把全价值链采购作为核心发展策略，面对零件管理，正在全面推进全价值链管理的思维方式，深入散件，寻找各层优化点。通过不断优化，一汽 - 大众采购在供应商成本管控方面平均年降3% ～ 5%。以往采购只关注成本优化"节流"一个方面，现在一汽 - 大众打破常规、积极创新，从全价值链角度思考，识别出零部件销售的利润增长点。

为确保全价值链采购模式落地，一汽 - 大众采取的重要手段之一是数字化采购。数字化采购就是指通过大数据、物联网、移动互联网、人工智能、区块链等数字化技术，打造数字化、网络化、智能化、生态化的采购管理，将采购部门打造成价值创造中心。2018 年，德国大众和一汽 - 大众就将"供应链数字化"纳入了"2025 战略"，上升到企业战略层面推进，就是看到了数字化供应链能够提高业务运行效率、精益成本、拥有智能的分析决策能力、全透明的供应过程等优势。汽车主机厂和汽车零部件供应商应在数字化领域携手并进，尽快实现整个供应链的可视化、自动化、智能化。

为了更好地实施数字化采购，从理念、人员、组织架构、流程和系统保障等都做了相应的调整和变革。在打造数字化采购平台的过程中，要以零件、模具、供应商为三条主线，在此基础上辐射到投资、价格、供货比例、实际供货等所有环节，最后再回归到这三条主线上。在零部件层面，按照整个开发流程手册，从原材料到主要设备、工艺，到批量供货，以及供货风险、产能保障等，进行系统监控。通过建立这样一套完善的系统，让零部件业务形成一个标准化的系统闭环。在供应商层面，对供应商的整个管理流程进行变革和优化，对从询价、报价到开标、发包，再到供货、财务等环节进行系统管控。

2018 年 8 月，数字化采购平台正式上线。来自五地六厂的采购需求都可以通过该平台自动生成供货单，发送给供应商、采购员，需求部门可以在网上直接跟踪采购进度。数字化采购平台在大大缩短一汽 - 大众采购流程、提高工作效率的同时，也有效帮助供应商建立起数字化管理体系，提升了供应商业务规模和服务质量。

二是继续加深与供应商之间的关系。零部件供应商是汽车主机厂的基础，也是一个国家汽车工业的基础。30 年的发展经历，让一汽 - 大众深刻认识到，如果没有一批国内零部件供应商，生产成本很难降下来，而如果没有一支强大的国内零部件供应商团队，生产进度、有竞争力的新产品也就无从谈起。在应对上述挑战过程中，更会遇到重重困难。因此，对加强供应体系的培育，是一汽 - 大众始终致力的方向，已然成为一汽 - 大众的"自觉"。

一汽 - 大众每上一个新车型，都有大约 1 500 个新的零部件，这些零部件又被归纳到 500 个材料组。每个材料组都需要同产品部、质保部、控制部、物流部一起选定发包厂家，一旦确定供应商，一汽 - 大众给予的是"全方位"的无偿支持。培养优秀的战略供应商是一汽 - 大众的发展方向，从长远来讲，不仅要依靠自身的开发工程师队伍，还要依靠供应商，借助供应商的力量来提升开发能力。目前，一汽 - 大众正在进行"核心供应商建设项目"，未来，一汽 - 大众将培育、扶持 100 家核心供应商，与其达成战略合作的关系，进一步互惠互利，支撑一汽 - 大众"2025 战略"。

维系稳固的供应商体系，为供应商提供全方位服务，帮助他们完善生产制造体系和配套资源体环境，并从产品设计、制造、检验、销售过程对产品进行系统监管。通过培育国内供应商，一汽 - 大众将采购成本降低了 30%。在培育过程中，很多供应商与一汽 - 大众一起逐渐成长壮大。如大众新能源汽车的电池主要由宁德新能源科技有限公司负责供应，但在新能源汽车刚起步的时期，新能源汽车的电池订单寥寥，盈利能力远不如今。宁德公司获得一汽 - 大众的订单后，陆续拿到了其他车企的订单，之后快速发展，目前年销售额逾 300 亿元人民币，在锂电池领域居全球前十名，在聚合物锂电池业位居世界顶尖行列。又如，宁波均胜电子公司 2004 年开始与一汽 - 大众合作，获得其强大支持，从一家以汽车功能件为主业的零部件企业，发展成汽车电子、汽车安全和汽车功能件事业三大运营主体的大型企业，员工超过 20 000 名，已成为一汽 - 大众的 A 级供应商，并借助一汽 - 大众的平台，成为宝马、奔驰、奥迪、大众、通用等汽车制造商的 A 级供应商。可以说，一汽 - 大众对于各种类型零部件的需求，促进了一大批供应商的发展壮大。从长远看，零部件企业成为行业巨人，生产能力、研发能力都得到提高，也为一汽 - 大众的发展打下了坚实的基础，促进了中国汽车工业的整体提升，采购工作系于国家重要产业，意义深远。

当然也有疑惑，随着供应商的发展壮大，供应商和整车厂商的议价能力也会越来越强。当供应商实力达到一定程度时，对整车厂商而言供应商就会变得难以控制，相应的成本波动也会加剧。为防止这一点，大型整车厂商可以考虑在成本、质量统一的情况下把同一个零部件的供应商分为几家，因为大型整车厂商的订货量即便拆分成几份，每一份的数量也足够庞大，不会损害规模经济。在这种情况下，将同一零部件的份额分给几个厂商既不损失规模经济，又可实现厂商间的充分竞争，最终有利于整车厂商的成本控制。例如，一汽 - 大众旗下的热门车型迈腾主要有三个轮胎供应商：韩泰、固特异和邓禄普，这几家轮胎厂均有足够实力保证交付一汽 - 大众规定质量的轮胎，且在不同地区分别拥有自己的轮胎生产基地。迈腾车型对轮胎的需求量十分巨大，将轮胎订单拆分给几家供应商并不会损害规模经济。在此基础上，同一零部件由几家供应商分别供应有利于规避各种风险，如果由于人为或自然原因造成了某家供应商无法稳定供货，一汽 - 大众便可立即把订单转移给其他供应商。这样既能够控制成本，防止供应商赚取超额利润，又保证了零部件供应的稳定性。

三是建立绿色供应商体系。为应对国家日益严格的环保政策法规，推进一汽 - 大众 2025 战略，一汽 - 大众高度重视自身的环保合规，采购也日益关注供应商环境风险对供应链的影响，推动"无废无污"和"无有害物质"贯穿于整个供应链，落实供应商环保风险管控成为采购的一项重点工作。一汽 - 大众不仅向每一位顾客提供高质量产品和服务，而且时刻不忘自己的社会责任，长期致力于绿色工厂建设和保护自然环境工作，并且每年都会召开环保研讨会，引用环保方面的先进方法和经验，在节能降耗、绿色工艺、"三废"控制、环保车型等方面不断取得新的进步，为消费者带来更健康适宜的绿色生活。

"2025 战略"明确了绿色供应商战略举措，目标是在 2025 年实现绿色供应商占比 60%（2018 年占比为 39%）。目前，一汽 - 大众已完成了第三方环保咨询机构的定点，针对环境影响复杂程度高、环保高压区域的供应商，优先启动了"节能减排，增效降本"现场服务活动。截至 2019 年 6 月，一汽 - 大众已完成 30 家供应商现场服务工作，共计提出环境改善提案 110 项，节能改善提案 112 项，预计可实现能源节约 6 822 吨标煤，折合人民币 2 053 万元 / 年。在可持续发展能力方面，一汽 - 大众还要求供应商在环保、职业健康等方面都要达到标准。比如，环保方面一汽 - 大众要求供应商通过国际 SO14000 和 SO18000 标准审核。同时，一汽 - 大众还会定期组织工作人员到现场对供应商的废气、废水处理情况进行摸底调查。

30 年以来，一汽 - 大众在内外部环境挑战面前下，适时而谋，应时而动，困知勉行，发奋变革。采购部门不断提高国产化率、规模化采购，坚定实施多部门协同，果断实行零部件统一标准，逐步克服企业内外部成本压力等一系列痼疾，稳步推进全价值链采购及数字化平台建设，适应协调与供应商的关系，大力构建绿色供应商体系。时代高速发展，市场瞬息万变。采购部门敢于在重压下开创，善于在不变中求变，化压力为动力，转被动为主动，最终促使采购体系能力日益健全，日臻完善。

生产体系

在市场高速发展，企业跑马圈地的态势下，生产管理体系能力的建设和完善，是一汽 - 大众能在竞争中不断前行的保障。一汽 - 大众从建厂初期的一个品牌一款产品，发展到奥迪、大众、捷达三大品牌旗下 20 余款产品，全面覆盖低中高端市场。作为一家整车制造企业，一汽 - 大众生产体系的责任重大——主要包括生产和物流两大领域。在生产领域中，除进行多地建厂布局的硬实力拔高外，一汽 - 大众也注重生产管理体系与流程方面的软实力建设；在物流领域中，一汽 - 大众主要在供应链透明化方面发力，在物流方案规划上取得了创新性的成果。

一汽 - 大众从诞生至今不断积累、提升自身能力，并在生产领域与物流领域两大方面从最初的"拿来主义"，发展到如今实现自主创新并对外推广，展示出了自身卓越的适应调节能力，在不断变化的外部环境中创造了中国车企历史中的"一汽 - 大众方案"。

"汽车迁徙"背后的全国生产布局

21 世纪初，一汽 - 大众为满足不断发展的产量需求，开始筹划建设首个异地工厂——位于成都的西南基地。然而，一汽 - 大众主要供应商都集中在长春，一汽 - 大众成都工厂则远在 3 600 公里以外。如此距离下长途跋涉的"汽车迁徙"在世界范围内尚无先例，这意味着一汽 - 大众将没有任何经验可供参考，需独自摸索出大规模"汽车迁徙"的道路，全球最大的一次"汽车迁徙"就在这样的背景下全面启动了。

同样，如此大规模的长途运输的物流成本更是难以估量，如何从最低的物流成本实现 3 600 公里的大规模"汽车迁徙"是摆在一汽 - 大众面前的首要问题。一汽 - 大众员工上下齐心，踊跃建言、敢于尝试，率先在缩小物流体积上取得了突破。通过无数次实验，一汽 - 大众员工对零部件进行了一系列测量与规划布局，最终将最多数量的零部件合理安置在白车身内，并对其加以固定，有效减少了整体物流体积，并形成了体积最小、固定最牢固的解决方案，创新性地降低了长途物流运输的成本。不仅如此，在物流整体方案选择上，一汽 - 大众也进行了一系列尝试与优化。一汽 - 大众分三次将装有 8 辆整车货物的大拖车发往成都，经历了高速公路、城市工况和盘山路的考验，在每一次发运中总结经验并不断调整、优化方案，最终确定了物流的全套方案。

2006 年，两万多台白车身及零部件发往成都，截至 2012 年底，这次世界瞩目的"迁徙"宣告完毕。这期间，从长春发往成都装满零部件的白车身一年最多可达 6.5 万台，这使得一汽 - 大众成都工厂迅速实现了产能爬坡。目前，西南基地每天生产整车 1 800 余台，已超过预计产能。作为国内最早落户成都的高品质轿车生产企业，一汽 - 大众西南基地的建成填补了四川地区高品质汽车生产的空白，成为四川汽车工业名副其实的领军企业。

随着中国汽车行业的发展，汽车厂家异地建厂也越来越多，当遇到类似困难时，这些厂家总是派人到一汽 - 大众学习。"一汽 - 大众模式"创造了业内历史。2019 年，一汽 - 大众自身的产能布局也已覆盖东北长春、西南成都、华南佛山、华东青岛以及华北天津，拥有五大基地和动力总成事业部（附录 2）。从 15 万辆规模起步，到 2014 年 12 月 2 日第 1 000 万辆整车下线，一汽 - 大众用了 23 年时间，迈入"千万级俱乐部"，领跑快速发展的中国车市。

一汽 - 大众现场生产管理体系

一汽 - 大众建立之初产量不大，也尚未形成完整的生产体系。生产管理部前身"工业工程科"归商务副总经理管辖。1993 年，公司成立生产制造部，包括计划协调科、维修中心以及工厂服务科。1997 年，生产制造部更名为生产管理部，并逐渐加强集中控制和管理，使得资源调配更加合理。当时，市场竞争的制胜重点在于加速生产，抢占中国汽车增量市场的制高点。于是，一汽 - 大众着力生产现场，在管理体系方面下足功夫。从流程再造入手，保障质量，同时按下生产"快进键"。一汽 - 大众于 1996 年从德国大众集团奥迪公司引进了奥迪生产现场管理体系（Audi Productions System，APS）。刚引入 APS 系统时，对生产行为的束缚增多，员工不免抵触。而统一标准之后，生产一致性提高、累计问题减少，满足了高质量的生产需求，制造过程逐渐趋于稳定。

1999 年，一汽 - 大众基于 APS 系统进行了改进，提出了更适合自身的"一汽 - 大众现场生产管理体系"（FAW-VW PS）[1]，并一直沿

---

① 王琳 . 一汽 - 大众生产管理体系 KVP_Kaskade 研究与应用 [D]. 天津：天津大学，2010：8-10.

用至今，其中 KVP-Kaskade 部分是一汽-大众现场生产管理体系中的重要部分，体现了其自身学习、创新、总结、改进的正向循环动态能力体系。

KVP-Kaskade 是德文 Kontinuerliche（持续的）Verbesserungsprozess（改善过程）kaskade（阶梯的、人工瀑布）的缩写，意为持续不断改进的过程，是一组员工在培训主持人的带领下，针对生产中发现的尚无明确解决方案的问题，按照规定流程、通过集体智慧解决问题的过程。作为一种"瀑布式"的持续改进活动，KVP-Kaskade 与生产现场管理体系中其他八大要素相互驱动，以"创造价值"作为目标、导向，消除生产系统中的无用成本现象，努力提高"创造价值作业"所占的比例，彻底优化"可消除的不创造价值作业"，同时将"不创造价值但无法彻底消除作业"的比例降至最低，是一把提高劳动生产率的金钥匙。德国大众在 2008 年以来的全球金融危机中，能够逆市而上，将冲击降至最小，很大程度上得益于 KVP-Kaskade 改进工作方法的推进。

KVP-Kaskade 是一种讲求企业全员参与的有生命力的改进，注重措施实施与思想意识培养的同步进行。

一汽-大众的每个专业，都有相应的 KVP-Kaskade 工作开展流程。经过与车间经理或主管共同制订工作计划和改进目标，提前两周进行 KVP-Kaskade 理念与方法集中培训等详尽的准备工作后，KVP-Kaskade 参与者进入分为七个步骤的 Workshop 阶段。在这个紧凑而有序的过程中，每天、每个环节都有详细的计划和节点，参与者们分享信息、交流智慧，灵活运用方法模块对生产流程的每个环节进行细致的观察和分析，明确无用成本种类及数量并形成措施单。在 Workshop 后期，由主持人根据措施单对改进措施实施情况进行跟踪，以确保改进活动的顺利推进，实现工作有目标、有计划……。

在一汽 - 大众已完成的第一波次第一阶段的工作中，在"学会观察"口号的推动下，一汽 - 大众以"九种无用成本、工位组织、节拍平衡与创造价值"等八种方法模块作为开展工作的基础，通过Workshop研讨会的方式，将生产、质量、产品、物流等不同部门和经理、主管、员工等不同岗位的人按照需求有效组织起来，在"节拍、一个流、拉动、完美"的原则下，以客户需求节拍为指南，保证物料和信息按生产节拍流动，使物料达到最小的缓冲库存，促使整个生产过程更为柔性、平顺，并持续地减少各种生产无用成本现象，以打造一个高效生产的完美过程。在KVP-Kaskade第一波次第一阶段成功实施的同时，一汽 - 大众也开展了第三波次的相关工作即3P Workshop。3P Workshop是指生产准备过程（Production Preparation Process）中进行Workshop。小组成员按照规划图纸和工艺进行工作流程的1：1模拟，通过多次模拟发现问题，并找到解决方案，从而达到把无用成本消除在产品投产之前。

在完善体系的推动下，发现问题的"专家"不断涌现，解决问题的"团队"不断走向成熟。在学习、创新、总结、改进的动态能力正向循环体系支持下，经过全面深度的推广与实践，一汽 - 大众的KVP-Kaskade工作已经在德国大众在中国的所有合资企业、独资企业当中走在了最前列。

面向未来工程

2000年以前，一汽 - 大众在生产过程中基本照搬德国大众的技术，包括工厂设置、分公司建设等企业框架在内的一系列内容都是原封不动地照搬，连最基础的五联单都是一字不改、填写中文而已。这样的模式持续了多年，但 1999 年开始落地中国的奥迪生产线不仅颠覆了德国大众与一汽间的合作模式，也再一次考验并提升了一汽 - 大众的内部协同能力。

1999 年落地的奥迪生产线给一汽 - 大众带来了前所未有的挑战，第五代奥迪 A6 的生产中存在着很多全新技术，而这些全新技术本身还未成熟，应用到整车生产中并不稳定，极易出现一系列问题，此时面临着大量的技术变更。频繁技术变更对生产部门的考验极大，之前确定的相应技术与生产方式在一夜之间改变巨大，而当时一汽 - 大众并未拥有德国大众的先进生产控制系统，对于此类问题几乎无法作出快速反应。对于德国大众来说，一汽 - 大众的生产部门也仅是其编号第 79 的海外工厂，在其他国家、地区还有 50 个其他工厂，之前的合作模式并没有引起德国大众太多重视。

由此，在 2000 年，一汽 - 大众提出并开始着手实施"面向未来"流程的建设。当时生产管理部计划协调科相关负责人回忆说："1999 年 3 月份我去德国奥迪，在生产线上看到那些在装配线行进的车身上都贴了一张大纸，上面是一个很复杂的表格和若干条形码，标示着这辆车的各个配件细节，这个表怎么形成的？"经过奥迪人的讲解，那位负责人弄明白了，当车身冲压件进入焊装车间上第一个工位时，按生产计划自动生成一个条码，直接就和这个车身绑定了，就给车身贴上了此条码，这个条码就直接定义这个车是什么样、什么颜色、带什么装备等，所有这些整车的技术装备都包括在这个条码里，并瞬时发到所有与它相关的供应商的终端电脑上，供应商立即就能得到此信息。这相当于每一辆车的 DNA，对于一辆车来说，它的生命就在那一刻生成了。

在厘清德国奥迪生产管理系统核心内涵的基础上，一汽 - 大众生产管理部计划协调科与管理服务部共同研究制定了"面向未来的生产管理系统",这一庞大的系统工程,包括生产计划、生产控制、物料筹措、预批量管理和物料管理等内容,对生产组织起到了积极的促进作用。那位负责人说:"一辆车的车型装备信息就像人的身份信息一样,在第一个工位就确定下来。"

在面向未来工程启动后,一汽-大众先后派出了大量人员赴德国学习,主要聚焦生产流程和系统。在一汽-大众强大的学习文化与能力的促进下,员工们克服万难,深度吃透德国大众的生产控制系统,通过引入 IT、数字化赋能,强化内部体系协同能力,将德国大众的生产控制系统创新性地应用在中国生产线中,将所有技术、数据本土化,成功利用数字化系统替代人工记录,适应了多车型,高产量的生产新要求。

在内外部环境变革的挑战下,一汽-大众在危机中创新机,在内部体系协同的作用下,通过学习、创新、总结、改进的动态能力正循环,打破旧框架建立新模式,走出了一条全新的"未来工程之路"。

定制化与柔性生产

根据《2019 中国汽车消费趋势报告》,"95 后"正在成为汽车消费的新生力军,购车核心人群正在加速向小镇青年转移[1]。随着市场需求愈发多元化,越来越多的年轻用户开始追求"私人定制",即选择自己的个性化汽车配置组合。消费者希望可以选择车型外观、发动

---

[1] 巨量引擎-汽车数据策略研究院,中国汽车流通协会联合发布,2019 中国汽车消费趋势报告 [R/OL]. [2019-11-21]. http://www.199it.com/archives/969199.html.

机、轮毂轮胎、汽车内饰，定制属于自己的个性化汽车。国内车企已公认"个性化订单生产模式"将成为车企未来发展趋势，在这方面长袖善舞的车企可能会更容易在竞争中获得消费者青睐，也能因此得到更高溢价。

网上卖车在中国逐渐兴起，2015年，大众品牌与主流电商平台建立合作。同时，始于2006年的"个性化订单式生产模式"在奥迪品牌上已完全铺开，未来将逐步推广运用到大众及捷达品牌。以奥迪A4L一款产品为例，单独工厂（长春基地奥迪总装车间）在一周内可接到180多种不同订单，生产线需要针对订单进行生产，力求在最大程度上实现产品的柔性化生产。（见图2-1）

然而，柔性生产与传统的大规模生产模式之间如何切换？作为行业领导者，一汽－大众首当其冲，面临转型挑战。具体来说，柔性生产的能力对自身能力提出了更高要求。个性化订单生产面临的首要压力是物料供应，供应的敏捷度会极大影响生产效率。比如，一款车

图 2-1　一汽－大众车间内不同颜色、不同配置的新车陆续下线

有十几个或上百个组合，生产过程管理的难度就会加大，生产线需要将焊装、涂装、总装技术对应每款车，并进行排序。主机厂针对不同订单调整生产线，供应不同物料，同时还要满足交付周期，这对生产效率是巨大的考验。其次，成本增加。虽然客户的订单数据通过整合及交付周期排序，可以把同类车安排在一起生产，但仅是颜色的更换就会增大成本。因为涂装更换颜色需要投入资金，如果颜色编组站频繁更换颜色，会产生废漆，从而增加成本。而且在成本控制上，由于德系车的生产对质量标准普遍苛求，使得传统生产线整体投入原本就较高。定制生产可能会增加切换成本和运行成本，降低竞争优势，除非定制生产所带来的价值能超过其所增添的成本。最后，质量控制风险。仍以汽车换颜色为例，黑、白换色就会产生一些车漆的冲洗，当车漆不能百分之百冲干净时就会发展成质量问题。此外，员工技能水平也制约了生产效率。柔性化生产需要员工掌握多种技能，假设只有一种车型，员工只需学会一种车型的装配，如果有十种车型，员工就需相应学会十种车型的装配，这对员工的技术水平及学习能力也是一种考验。

可以说，柔性化生产既要满足客户多样化需求，又要适应成本控制，不仅涉及生产管理部门的航向改变，也牵扯设计、品牌、营销等诸多职能部门，要求更多更好地进行部门协作。而且，不论怎样切换，最终还要保证质量信誉。所以，柔性生产对能力的要求是更高的、综合的。即使一汽 - 大众心意已决，市场风险仍旧无法避免，其中可能致使当期业绩下跌，而在 2020 年竞争异常激烈的汽车市场上，一失足就万劫不复……

一汽 - 大众生产管理部对汽车柔性化生产的未来作出大胆设想，比如在未来 10 年很可能会出现延迟装配方案，其概念是指汽车以半成品形式到达客户手中，用户可以在提车后选择安装什么样的方向盘、使用什么样的座椅，之后选择个性化的配件再行安装。但这方面会不会遇上法律问题？例如，由于汽车是大件昂贵精密的商品，也存在发生事故的隐患，法律界定需要跟得上市场发展。此外，当客户参与到汽车装配过程中，改装车的车祸又该如何认定？种种问题值得思考。

供应链透明化：神奇的 E-lane

为提高生产的灵活性，同时降低成本，强调一体化供应链管理是生产管理部门未来 5 年工作战略的重中之重，关键就在于实现供应链信息透明化。实现供应链信息透明化有以下几点必要性。第一，提高供应链信息透明度可以大幅减少成本。例如，由于汽车零部件繁多，供应商较为分散，以及生产计划调整所致的货量波动，入厂物流在整个汽车物流中过程不透明，管理难度大。一汽－大众致力于建立信息透明的入厂物流体系，加大对供应商的管理力度，以节约物流及库存成本。第二，提高物流信息透明度有利于形成信息闭环，促进客户定制下的柔性生产，实现用户直连制造商（Customer-to-Manufacture，C2M）。生产管理部已经作出客户直达主机厂的设想——消费者通过电商模式把订单需求直接送达制造厂，主机厂再按要求设定供应和生产工序，按需生产。为此，信息的透明化有利于消费者实时追踪精确的生产进程和交付时间，从而最大化满足客户需求。第三，物流信息透明还有利于缩短端到端流程，将准确的信息贯穿物料供应端，生产计划端及订单交付端，加快供应链中各个环节的反应速度，以对供应商的管理为例，一级供应商的数量少，易于管理，而二级供应商数量庞大且资质参差不齐，把他们纳入一体化供应链的信息体系中有一定难度，只有不断寻求好的方法将物流管理延伸到二级供应商，一汽-大众才能最终实现一体化的供应链计划。

一汽-大众在供应链透明化上最为引人注目的是代表行业领先水平的 E-Lane 物流模式，这一系统致力于通过对车身流的精准化控制、配合系统精细化拆车及包装标准化等工作实现入厂物流平准和高效。E-Lane 项目是类似于丰田物流吸纳的一种批量管理体现，通过超强的计算能力，给出最新的全过程的物流运行安排，以应对外界市场条件的变化。当然这个过程的实现也离不开自动化设备的帮助，由此体现出企业整体 IT 水平的先进程度与重要性。这个项目的落地作为优化供应链系统的具体措施之一，真正实现了提质增效的物流管理模式，促进主机厂成本优化。2019 年，精益管理 E-Lane 模式已在成都西南基地正式运行，助力捷达品牌的全新上市。作为一汽-大众重点打造的新品牌项目，捷达品牌在上市初就赢得开门红。这个项目整合了庞大的零部件供应体系，协调订单流、车身流、物料流多种系统数据，高效连接了供应商和生产线，将物流成本降低 60%～70%，单车运输成本可降低 400 多元。（见图 2-2）

这种物流管理模式的优化，再次体现了一汽-大众强大的吸收能

图 2-2　AUTO 精秩物流及 E-Lane 模式

力，借鉴市场上现有的物流成本管控方面的先进知识，结合自身强大的技术与科研能力体系，企业能够迅速识别物流模式优化的价值所在，在日常管理中不断进行创新优化，结合自身的生产情况，助力整个生产体系完成高效生产、开源节流的目标。

除 E-lane 在供应链透明化管理的突破性成就外，一汽 - 大众在统筹采购、生产等部门的基础上，将物流思路从原先只关注单一一个供应商，扩展到综合考虑该供应商上下游的多层级供应商。2019 年，一汽 - 大众全面启动全价值链供应管理模式的推进。全价值链供应管理是从整车入手，并基于供应链不断深化管理至散件、原材料、模具的 2/3/……N 级供应商，为后续构建生产体系的数字化提供基础。对应到生产物流领域而言，一汽 - 大众目前的物流工作，不但负责一汽 - 大众内部物流，还将管理领域推广到供应商、经销商，形成"供应链"管理。一汽 - 大众的 BKM 系统在进行产能预测时，已经可以科学地对多层级供应商的产能进行分析，使得物料供应端能够获得准确的信息，进一步提升整个生产统筹管理的透明度与精准度。

未来，实现"精秩物流"（AUTO-Logistics）是一汽 - 大众生产管理部的一大战略目标。"AUTO"分别代表了精准的时间、空间和数量信息（accurate）；单元化的订单计算粒度（unit）；透明化的供应链过程（transparent）；有秩序的供应和交付流程（orderly）。打造智慧物流旨在精准管控物流，高效响应客户以及组织平准生产。打造这样的"精秩物流"同时需要网联化、自动化及数字化的高度配合，给公司转型带来巨大挑战，当然也将是未来制胜的重要战略因素。

如今，物流发展正向着所谓的"第五阶段"演变，在"第五阶段"，物流的中心控制职能更加明显。中心控制阶段要求物流分配品牌和地区资源，把更优的资源放到更好的位置上。一汽 - 大众不断努力探索实践，向着这一"第五阶段"迈进。一汽 - 大众通过自身的 BKM 系统与 E-lane 模式，已可以实现三地四厂之间科学合理的资源配置、两大品牌间的资源分配与高度精确的物流运行过程安排。现在，一汽 - 大众已建立起自己的物流"游戏规则"，在物流创新、降成本等方面，提供多种工作思路，引领国内物流发展方向。

打造"开源节流"的生产体系

在保证汽车生产高品质的基础上，一汽 - 大众也致力于打造行业领先的成本控制能力，提出"开源节流"的攻坚战。在开源方面，生产主要对接销售和售后体系，这也体现出了生产体系与其上下游之间整合共赢的思维。针对生产体系，长春生产创新开展"大道消息进班组，上下同欲谋共赢"活动。灵活组织形式任务教育，让员工接收到公司最官方、最前沿的信息，引导员工与公司同频共振，提升员工工作热情，多渠道支持销售。以产品推介造势为例，2019 年通过产销互补联动，出色完成了 SUV"双探"产品特色宣传。基地全员助力市场开拓，万余名员工积极响应公司号召，开展产品推广竞赛，掀起了公司全员销售的热潮。

与"开源"对接的另一大体系是支撑售后返修，长春生产与销售开展共建，重点推进售后现场走访支持，从生产过程入手，快速推进售后质量问题的解决，生产过程造成售后问题占比大幅度下降；长春生产还发挥自身技术优势，根据销售一线申请，组织团队利用节假日快速制作工艺对比展示样板，用于 4S 店内向顾客直观展示激光焊接工艺优越性，成为产销携手攻坚的典型案例。

在"节流"方面，一汽 - 大众从工厂费用、在制品和存货，以及人效提升三大维度来开展工作。在工厂费用上，长春生产号召"全员降成本"，对备件、一次性材料、外委费用、能源费用、工厂废品等项目，逐一展开了公司内部对标和行业对标，分析差距找问题，对标最佳实践，从前期规划、采购、使用过程等全面发掘优化潜力，与各部门通力合作全力实现费用优化的达成。同时长春生产也承担两项集团级 TOP-C 优化项目：辅材优化项目和环保费优化项目，目前两大项目都进入最关键的时期，生产部门致力于通过生产环节的"节流"，持续跟踪、挑战、突破、辅助公司达成利润目标。在制品管理上的"节流"，主要通过优化在制车数、优化线边库存，过程质量提升以及在线工艺优化减少在制品金额。存货优化上推广"十步法"的优化方法，从入口订货、审批控制、在途备件、库存备件、备件编码、IT 系统、跟踪监控等维度展开优化、创新，建立符合工厂实际的精细化存货管理模型，预期备件库存资金占用率下降 1.5%。这个过程极大考验了生产系统的厂内物流环节，也体现了相关 IT 系统对于生产环节的数字化赋能水平之优越。此外，针对人效提升的"节流"，一汽 - 大众致力于克服老工厂的重重桎梏，让老工厂重新焕发新活力。2019 年进行的人效提升工作，也是长春生产连续第四年进行人效提升工作，通过低成本自动化、WS 开展等方法，完成公司下达的 HPU 优化目标。同时，长春生产也是率先联合人力资源部尝试针对特殊人员制订处置方案，在公司政策支持下，做好人员优化下的生产组织工作。

物流作为生产环节的一个日常工作，其节流的意义也十分重大。对应一汽 - 大众领先的柔性化生产能力，汽车生产要求物流供货半径更短、供货效率更高速度更快，与此同时还要最大化降低成本。生产部作为第三方物流管理部门，兼顾公司入厂物流和工厂物流。通过将降低物流成本作为最重要的 KPI（关键绩效指标）之一，纳入部门内部的考核中，以及通过与各基地生产厂、第三方物流合作，一汽 - 大众在 2018 年成功实现了第三方物流人效提升 15%。同时通过 AGV 投入及其他物流技术的应用，为公司优化物流成本 2.02 亿元。生产部通过技术创新和应用，在不断提升物流效率的同时，帮助第三方物流提升市场竞争力，实现合作共赢。这个过程也体现了打造全价值链的核心理念，将"节流"的价值体系贯穿始终。

2025 战略引导生产体系发展

一汽 - 大众在 2017 年正式发布了 2025 战略，旨在全面提升企业能力，实现长久领先。其背后隐含着一汽 - 大众想要保持可持续竞争优势以及保持行业领先地位的壮志雄心，本质上是对企业能否在快速变化、不可预测的汽车竞争市场中建立动态竞争能力的考量。这其中与生产管理强相关的战略领域包括持续的企业盈利、和谐共进的发展、前瞻的未来布局。在生产管理部的五年战略（附录 3）中，也通过以下五个模块对应了"2025 战略"的相关举措。

智慧的物流设计（A）对应了供应链升级的生产要求；高效的客户响应（B）有助于重塑用户体验，保持企业持续盈利的能力；平准的生产组织（C）旨在降低成本，提升人效；精准的物流管控（D）帮助企业实现成本领先，打造可持续发展的一体化供应链；杰出的体系能力（X）是指企业开发出基于标准化的数字化管理平台，对应车企数字化革命的发展浪潮。

作为一家生产制造型企业，生产部门是一汽 - 大众的核心部门之一，其动向体现着整个公司面对市场的策略。面对市场需求越来越走向多样化的趋势，汽车制造的"航母"正在自我调整。一方面的难度在于，面对订单生产和"新四化"等要求，应对节奏既快不得也慢不得，快了将失去现有市场竞争力，慢了就等同于丧失未来的竞争先机；另一方面的难度在于，越来越多元化的市场令很多车企无所适从，行业发展的各种大胆预测喷薄而出，一汽 - 大众要面对新老赛道的竞争者两面夹击，既然是航母级企业，就很难占得船小好调头的优势，重大生产决策还需极度慎重。面对日趋复杂的外部环境，能够在生产策略上及时转向，主动与环境适配，整合、构建或者重置一汽 - 大众已有的资源和生产优势，对于一汽 - 大众在中国乘用车市场的成功意义重大。

2020 年，一汽 - 大众提出"创变"的企业主旋律。引用一位一汽 - 大众生产团队负责人的话来说，"一汽 - 大众必须转型，没有退路。"

生产部门实为一汽 - 大众之中流砥柱。围绕市场、科技、物流的深耕细作与交互作用，30 年间生产体系日渐成熟、强大：以市场为导向，贴合消费需求，打造柔性化生产平台；应用现代科技，推进数字化转型，搭建供应商绿色平台；坚持开源节流，重塑物流系统，压缩生产运输成本，实现全价值链体系化的精益管理。

作为传统制造车企，一汽 - 大众生产部门顺时而动，因机而发，在复杂多变的环境中持续巩固竞争优势，在自身反复迭代、自我创新变革中，或破围而出，或逶迤生发，或涅槃重生。在结构优化中，强化企业决策的敏捷机动；在管理提效中，改观企业员工的精神面貌。面对当前"百年未有之大变局"以及新能源汽车崛起的大趋势，一汽 - 大众生产体系未来还面临更多挑战，"2025 战略"一方面要求企业管理能力与质量进一步实现跨越提升；另一方面应对"新四化"挑战、车联网导入、移动车型布局等，都将直接考验生产体系的管理效率。

这艘"汽车航母"如何把握时机适时转向，如何兼顾规模性与敏捷性？为保持行业领先优势，在维持自身动态能力正循环体系的同时，尚需生产部门继续加大实施各体系协同，在未来不断加深探索，以创业心态，以变局魄力，久久为功，付出更多。

质保体系

身处同质化竞争激烈、消费者质量偏好敏感的中国汽车市场中，如果缺乏对产品质量体系建设的前瞻性认知和变革型领导力，往往难以保证车型在产品质量上的可持续竞争优势，这类反面案例在 40 多年来中国汽车工业的发展中屡见不鲜。而对于一汽 - 大众这一屡破重围的最终胜者，其成功密码远不止于所有人看到的高起点、高定位。其中，始终高举"质量至上"的旗帜，是这串密码里最核心的"字码"。

一汽 - 大众建立健全科学的质量管理体系，参照了德国质量体系模式，吸取德国大众先进管理技术和经验，系统设计较为缜密，故而质量体系起点较高，蕴含了现代的质量管理理念：如注重全面管理、KVP 全员质量改进、质量成本管理、设计质量及过程质量控制等管理理念。

"质量至上"是一汽 - 大众进入中国市场时，向利益相关主体予以庄严承诺的经营方针。近 30 年波澜壮阔的质保体系发展史，即是一汽 - 大众高管和全体质保人从技术支持、组织保障和文化建设等多方面协同发力，将这一方针落地的共同记忆。

在物质投入上，20 多年来，一汽 - 大众质保部门总投资超过两亿元，建设了拥有获德国大众集团 A+ 级认证和 CNAS 认证的材料技术中心，可以独立开展绝大多数零件的材料技术认可，并为一汽 - 大众提供全行业领先的全过程材料技术保障。在整车尺寸与匹配管理方面，一汽 - 大众五大基地共采买安装了 246 个测量臂，总投资达 7.63 亿元，这些测量臂在一汽 - 大众产品开发、生产及售后全过程中提供测量技术保障。（见图 2-3）同时，为了在新产品投放前检验整车质量是否满足用户实际需求，一汽 - 大众参照德国大众标准，投入大量人力、物力开展整车质量验证，如从极寒到极热地区的 15 万公里超长路试认可，满足车身耐腐蚀性能要求的防腐认可等。先进的检测技术能力、严苛的质量标准以及科学成熟的检测手段，成为满足用户需求、追求卓越品质的有力保障。

然而，质保本身工作性质决定了其投入绝不能仅限于物质资本的堆砌，更依赖于符合企业自身制度和文化特质的体系建设。一汽 - 大众致力于自身质量体系建设，以认知、认同、践行为引领，许多围绕

图 2-3　一汽 - 大众质量保证测量间设备

质量管理体制机制的最佳实践已广泛拓开，同时还得到了企业几代员工的全力支持和坚决执行，如极具一汽 - 大众企业特色的质量工作总经理负责制、"质量日"活动等。

从整体看，一汽 - 大众在塑造全价值链质量管理体系中的最佳实践分布在研发质量管理、项目质量管理、批量生产质量管理和售后质量管理四个领域。

研发质量管理

研发质量管理是指汽车制造商考虑自身制造技术水平在新车型预批量装车前，对该车型产品设计能否达到厂商质量标准所进行的试验和评审，这被视为乘用车质量的基础。研发质量管理的进步伴随着一汽 - 大众的定位转变。20 世纪 90 年代初，一汽 - 大众刚成立时，企业定位在对大众汽车实现国产化，并不十分强调后续自主研发能力。随着企业发展壮大，所生产车型日益增多，产量也越来越大，公司业务也从单纯的国产化升级为产品改进和自主研发。随着一汽 - 大众对自主研发的探索，质量保证也更多介入概念设计和批量开发阶段，实施更加深入和全面的研发质量管理。在总结批量生产问题尤其是售后用户抱怨问题时发现，其根源都是设计问题，此类问题在批量阶段不易进行更改，即使可更改也往往涉及巨额成本投入。因此，如何在研发阶段借鉴这些经验教训做到早期识别、优化不合理方案和设计，提升开发质量成熟度，至关重要。

在 2017 年研发质量管理体系改革之前，一汽 - 大众质保部门对于研发质量管理介入有限。2017 年 11 月，一汽 - 大众质量保证在组织机构改革时成立了产品技术科，加强了对产品研发阶段质量管理的投入，开始承担起造型评价、颜色组合评价、数字模型评审、试制样件评审、试制样车评审等工作。以颜色组合评价为例，研发质量管理人员需要对产品花纹颜色是否满足用户需求、是否搭配得当，以及是否符合批量制造工艺，进行评价。质保部门有权提出修改意见，甚至在认为难以达到质量标准时取消此颜色组合。

经过研发质量管理体系的改革，企业继续加强对研发质量管理的投入，使得研发质量管理能够向前延伸到市场调研阶段，一汽 - 大众称之为"用户质量需求深度调研"。从 2019 年开始，一汽 - 大众已经在一些新研发车型上开展了此项工作，如对一些用户和媒体的反馈进行收集和评审，包括颜色、配置、造型等。公司认为，质保工作的前移可以减少由于不合理的设计带来的批量和售后质量问题，降低公司的损失，同时提升用户满意度。

对于研发质量，一汽 - 大众更是毫不吝啬真金白银的投入，其中一个标志性案例就是虚拟造型中心的投入使用。一汽 - 大众虚拟造型中心是从 2008 年 9 月开始动工建设的，历时 8 个月于 2009 年 5 月竣工并通过验收。虚拟造型中心集模型制作车间、工作站、模拟造型和数据评审以及高级会议中心等功能于一体。虚拟造型中心的设计规划采纳了国内外许多先进造型室的布局和功能设计理念，使得虚拟造型中心在规划和设计阶段就具备了实用性和先进性，并达到了国际水平。中心的落成为一汽 - 大众的项目质量和试制工作提供了宝贵的硬件支撑。正如一汽 - 大众时任总经理安铁成所说："虚拟造型中心的落成，不仅标志着公司在质保领域又向前迈出了扎实的一步，更是对公司产品研发与试装工作的强有力支撑，是公司继续领跑市场、扩大优势的强力引擎，也为公司百万辆目标的顺利实现和可持续发展奠定了基础。"

项目质量管理

项目质量管理是指从启动许可（LF）开始，到最后整车正式进入量产阶段（SOP）之前，对零部件、过程、整车进行质量验证和质量优化。这个工作极大程度地决定了整车量产后的质量稳定性。如任一环节未达到预期质量状态，后续项目进度就会整体延期，因此项目质量在整车质量保证体系中的核心地位不言而喻。

"工欲善其事，必先利其器"，为有效实现项目质量高效管理，2009 年 12 月 9 日，一汽 - 大众建成预批量中心。已是预批量中心经理的王开宇当时专门负责所有新产品的准备和启动，亲眼见证了预批量中心车间项目从 2009 年 4 月动工建设，历时 7 个月后竣工并通过验收。车间使用面积 6 400 多平方米，划分为焊装和总装两大功能区，焊装功能区包括分装及总装焊接线，装备有快速转接式中频焊钳、各类焊接、激光焊接、滚边压合等先进设备，并设置了三坐标测量间、树脂模型制作间、简易夹具制作间等现代化工作间；总装功能区包括喷漆间、淋雨间以及带有可升降式吊具的完全模拟生产现场的简化生产线。整个车间配置齐全，能够充分满足预批量阶段的生产需求。"以前说质量是制造出来的，也有说质量是控制出来的，但我们一直认为质量是设计出来的，我们不是简单地生产样车，在生产过程中我们根据经验就发现设计中出现的问题，然后再成功解决掉。"王开宇提到自己的工作时总结道。

项目质量管理的"器"所包含的却不仅是有形的厂房车间和机组设备，更是其背后无形的管理体制。"创享高品质源于对细节的热爱。"在一汽 - 大众五大基地的车间里，随处可见这句标语。对于细节的专注，是质量管理岗位上每位一汽 - 大众员工的座右铭，也更是一汽 - 大众广受中国消费者认可和 2 000 万用户信赖的最重要原因。

一汽 - 大众项目的外购件主要来自中国国内各地的供应商工厂。供应商质量的好坏，直接影响到一汽 - 大众的生产，例如供应商资金链的问题，一旦资金出现问题，就会影响库存的存储量；人员流动性的问题也要密切关注，因为产品的质量主要靠技术人员把控，一旦技术人员流失也会影响产品的质量，所以要时刻了解供应商的情况，事无巨细，以保证产品的稳定性。

同时在一汽 - 大众这家中外合资公司内部，又存在着一个独特的先天问题：自制件的模具大部分是由大众集团旗下的模具制造厂提供，自制件厂商往往既是一汽 - 大众的供应商，又是一汽 - 大众的股东。这种关系造成了公司在自制件管理上的困难。

为了解决这一困难，一汽 - 大众质保部一方面针对自制件和外购件制定和完善了一系列客观的质量指标；另一方面着力提高外购件的质量水平，并进行了一系列组织变革：将原归属于外协件质保部（质保部内统一管理项目阶段外购件的部门）的相关外购件职能，如项目阶段的外购件认可等，下放给各工厂质保部，从而使项目所在工厂质保部获得充分的权力和资源促进供应商对外购件进行优化，同时针对工厂质保部难以解决的重难点问题，由质保部组织支持力量进行攻关，从而充分释放各属地工厂的生产能力。

2018 年，一汽 - 大众的首款 SUV——探歌因未按计划达到质量要求出现拖期现象。在必须确保投产的时间压力下，一汽 - 大众质保部门受到外方技术负责人的指责发难，单方面认为项目的拖期主要是因为由中方负责的外购件质量优化严重滞后，而对自制件优化的拖期避而不谈。这段经历让来到一汽 - 大众佛山工厂担任质保部外协件质保科经理高俊武记忆深刻："探歌是大众品牌第一款 SUV 车型，在投放之前出现这样的问题一直没有解决，大家都十分着急。当时项目负责人在向德方汇报时，德方针对外购件的优化能力提出严重质疑，大家的压力那是非常大的。"作为一汽 - 大众的 SUV 战略的重要棋子，一旦延期上市，带来的影响可谓巨大。

面对德方此番举动，当时中方质保总监主动作出在两周内确保外购件质量优化按时间节点达到预期值的承诺（附录 3），并在总经理支持下大刀阔斧地启动了新一轮质保部门机构改革，通过前期的精心调研筹划、合理调配以及大量细致的解释疏导工作，将原先质保总部直属的多个科室骨干人员调整到各地生产厂质保部，使得一线外购件质量检验中的存疑事项以最快速度得到查验和判定，极大节省了以往在总部和厂区之间低效信息反馈的时间成本，大大加快了质检工作速度，提高了整个一汽 - 大众生产体系的质检效率。

有了总部质保团队的支持，当这个问题再度交还到高俊武的手里时，他的关注点便得到了有效的聚焦："我就反复思考该如何去解决，减轻项目按时投产上市的压力。"这种压力化作使命感，让高俊武时刻处在待命状态，"那段时间有时候赶上厂里停台检修，即便是休假也要立即赶回厂里，有种时刻待命的感觉，结果最终是提前完成了下线工作。"高俊武这样说道，未雨绸缪总比亡羊补牢来得好。"我在质保部做预防性管理，供应商也是预防的一部分。现在一个车大概有80% 以上的外协件，就需要把每个零部件都检测到位，保证零部件的质量。"高俊武在此前还曾遇到过一家长春的供应商生产的零部件不合格，严重影响了整车质量，便连续驻厂 10 多天，直到确定设备和模具不匹配的原因并将问题解决。也正是他们身上这种咬定青山不放松的韧性与执着，使得探歌项目中质保决策层大刀阔斧的变革力度能在车型的一钉一铆中转化为管理效能。

经过种种不懈努力，外购件质量在两周内实现了跨越式的提升，按期实现了承诺目标。中方团队的执行力得到了德方的认可和敬畏，中方话语权得到明显提高，并正向带动了自制件质量优化的速度提升。

速度和质量，在生产企业向来都是矛盾的存在，这是一汽-大众质量部门和生产部门共同的挑战。近些年新车型的数量一直在稳步上升，一汽-大众 2019 年投产车型达到了 12 款。与此同时，在研发及项目质量的有力支撑下，一汽-大众 2018 年、2019 年投产的新车型既保证了进度也保证了质量。从投产时间上，各车型都做到了按时甚至提前于项目计划。而在新车型"下饺子"般加大投产速度的同时，相对于上一代车型和大众集团的欧洲原型产品，产品上市销售交货后前 12 周的客户抱怨次数却实现了 60% ～ 70% 的下降。

批量生产质量管理

一般人认为，相对于核心零部件，整车制造技术含量是不高的。但一汽-大众认为，制造工艺对产品质量会产生重要影响。以车身为例，一汽-大众的经验是：一批产品的车身如果尺寸稳定，基于这些车身生产出来的产品，总的质量就比较有保证。在实际生产中，想要保持车身尺寸的稳定，并没有普通消费者想象得那么简单。对于车身上的成千上万的尺寸点，德国大众所给出的每个尺寸点偏差范围只有 ±0.5 毫米，即每一处钣金的轮廓，每一个零件在 X 向、Y 向和 Z 向的位置偏差只允许在 ±0.5 毫米的范围内，这对于制造工艺的精度要求非常之高，要知道很多竞争者只要求精度保持在 ±1.5 毫米范围内即可。从这个角度出发，一汽 - 大众抓批量生产质量的第一步就是抓车身尺寸的稳定，这必须从源头——冲压件和焊装工艺抓起。为此，一汽 - 大众引进了许多在线测量设备，改进了车身骨架的生产工艺，严格制定了车身尺寸的标准，甚至于车身达不到标准的时候就停止生产过程。

一汽 - 大众提升批量生产质量的第二步是抓工艺过程的质量。一方面，一汽 - 大众创新提出了"工位绿化"这一概念。在传统的质量检查阶段（QC），质保人员的主要工作是对最终产品进行验收，或者只是在过程中设置几个检测点进行质量检查。质量保证阶段（QA）主要是在 QC 的基础上，做到质量和工艺双管齐下。而在"工位绿化"的概念下，"人机料法环"（人员、机器、原料、方法、环境）都被纳入质量管理的范畴。质保人员会排查生产线上的每个工位上的人员操作是否熟练、员工使用的装备设备是否合格、操作流程是否规范、原材料和生产环境是否合格等。"工位绿化"就是要保证每一个工位都具备生产合格品的条件。一个工位如果合格，就展示绿灯，否则就是红灯或黄灯。一汽 - 大众抓工艺过程的另一个方面是加强了对各生产基地的监督，建立了"飞行检查制度"，从而防止权力的下放对批量生产质量产生不利影响。飞行检查是指公司质保部门对属地工作开展内容、开展程度、执行标准和效果的一种检查方式，每个季度都会对分布于全国五大基地进行随机检查，目的是确保集团式组织机构运行模式下，各个属地质保工作独立开展的基础上，也处于受控状态。飞行检查的内容包括：过程薄弱点、产品审核执行标准、机构设置及运行方式等内容。同时为加强对终端产品的审核力度，质保部门的负责人每个星期会从 4S 店的储运环节随机抽检两台汽车，避免由于工厂采取了事先准备通过"飞行检查"而实际工作中却放松要求的情况。

关于"质量日"的由来，时任一汽 - 大众总经理张丕杰是其背后的直接推动者。他主张，质量是体系工作，需要"一把手"推动。"质量是我分工的事，需要高层推动，但高层又没有足够精力铺开战线、直抵日常质量管理，因此当时我们定了一个叫'质量日'的高层质量推动会。这一活动不仅是喊喊口号，总经理一定带上管技术的副总经理，另外质保、相关职能部门一同参加。"根据张丕杰的设想，'质量日'是一个很完整的活动，每季度每个工厂举行一次，最初每次半天，与会人员全体站着开会。这半天从冲压单件、白车身、黑车身、整车奥迪特直至售后全涉及，最后一个议题则固定为售后反馈问题，会上由高层对关键问题做现场决策。

"质量日"后来成为连接生产一线与公司高层的有力桥梁、推动生产一线质量难点快速升级决策的重要渠道。在一汽 - 大众，自2017年始的质量日活动改为每半年一次，由五大基地轮流承办，总经理每逢质量日，必率经管会成员、公司质保系统以及其他质量相关部门（如研发、规划、采购、物流、生产）高层出席，现地现物了解质量状态及难点问题。质保部门提前摸底、对项目、批量生产等各环节中存在的问题进行集中曝光，这给生产厂及其他质量相关部门带来了较大的压力，使其丝毫不敢松懈，全力配合质量问题的解决。另一项具有代表性的是"质量精益攻关"活动，它是横向打通部门壁垒、快速整合资源实现重难点质量突破的有力手段。公司质量难题以问题池摘牌的方式发布，项目经理申请摘牌，由公司总经理亲自授权，带领跨部门团队攻关。这种敏捷高效的项目制攻关方式解决了职能框架下部分工作难以有效协同的难题，形成了公司范围内"质量精益，你我同行"的合作改进氛围。

售后质量管理

售后质量管理是指产品从市场投放（ME）开始一直到售后服务结束（EOS），对市场用户抱怨的问题进行消除，并形成相应的经验教训总结，不断优化项目质量、批量生产质量。公司认为，这是车辆质量再提升的新起点。一汽 - 大众在售后质量管理方面主要依托销售公司下属的售后服务部门的信息反馈，同时为了全面及时获取市场信息，公司积极拓展用户抱怨获取渠道，包括建立一汽 - 大众各品牌的索赔系统、一汽 - 大众 400 服务电话、媒体舆情跟踪以及中国质量协会的反馈等，建立了全方位聆听用户声音的渠道，保证了市场信息快速、准确、全面获取。

而在售后质量管理环节，车辆安全性能是重中之重 —— 车不出事，不出安全事故，这是小"安全"，而对于主机厂，经营安全、品牌安全则是关乎企业生存的大"安全"。召回制度是针对已经流入市场的缺陷产品建立的，最早是管理条例，后来国家将其上升为法规，需要强制执行，一汽 - 大众于是成立产品安全科，系统管理相关事务。

从用户视角出发，可以弥补被前期流程遗漏的质量问题，持续满足用户需求。一汽 - 大众可定期收集和整理用户集中抱怨的事项，采取有针对性的质量管理措施，从 2018 年开始，开展了多项质量专项提升项目，分别为气味、噪音和耐用性、底盘、电器专项等。通过设立技术质量方面的专项经费，公司研发部门和高校、科研机构协同攻关，经过一年左右的时间，公司不仅提高了整车的性能和品质，并且用户抱怨大幅下降，同时，还发现了一些涉及德国大众在汽车开发过程中的相关问题，一汽 - 大众也主动向德方进行反馈，在更深入的层面上促进了中德双方质保部门的交流合作。

通过上述的四大质量管理，一汽 - 大众构建了严格先进的质量管理体系，在全过程中力保每一件产品在质量上的过硬。多年来，德系车已然成为一种代表着质量的文化符号。质量不仅是一汽 - 大众的卖点，更是其存在的意义。

同时，须清楚地认识到：对质量的极致追求离不开市场导向这根指挥棒。质量固然是一汽 - 大众的核心竞争力之一，但首先，好钢要用在刀刃上，消费者体验这一"刀刃"才是质量的去处。这两者并不天生画等号，甚至有时会出现消费者体验与真实质量水平相左的情况。其次，随高质量而来的是高成本，这点一汽 - 大众成立初期就已经吃过苦头。如今的情况更为复杂：当你通过技术进步，将一定质量水平的成本压到最低的时候，如何更加合理地分配你的成本投入，使得一定水平的成本有更好的质量？这是随着一汽 - 大众技术上的不断进步，在逐渐摆脱德方绝对控制，构建属于自己的质量体系时必然面临的新的问题。对以上几个问题的解答，有助于一汽 - 大众对"质量"二字认识的进一步深化。

其一，产品质量与消费者感知。自 2013 年起，中国国产合资品牌汽车的异味现象开始频频出现诸新闻报道，并于 2016 年底达到了一个爆发高峰，使得一汽 - 大众奥迪、上汽大众、华晨宝马等多家厂商的 10 余主流车型涉事其中。尽管一些汽车厂商主动开展服务行动，更换问题零件，但并未彻底解决"异味"问题。作为中国汽车市场合资品牌的先行者，同时也是此轮舆论风暴的中心之一，一汽 - 大众奥迪（简称"一汽 - 大众奥迪"）（一汽与大众合资公司所生产的奥迪品牌汽车）选择在这一特殊时间节点，以车内气味问题为契机，对自身产品的质量进行一次全面的检视。

而一汽 - 大众奥迪在车内空气质量上也一直严格管控。在气味问题发生后，中国汽车技术研究中心按照相关国家标准对一汽 - 大众旗下所有奥迪车型进行评定，其结果表明参评车型的全部指标均满足国标 8 项挥发性有机物控制要求，其中包括苯和苯乙烯等致癌物在内的 6 项评价获得满分。然而，针对用户群体持续出现对异味问题的反馈，一汽 - 大众的质量管理团队还是选择加强改善车内气味的质检流程，提高了源自德国的大众品牌"金鼻子"专业团队的主观气味评价在质检流程中的权重。当主观评测环节发现车辆气味有问题时，则该车型不能进行批量生产，并须逐步筛查气味来源。

一汽 - 大众认为，由于客户无法及时取得客观指标，只能凭自身感官判断，往往认为车内"有味就等于有害"，而两者之间其实没有必然联系。例如致癌物甲醛是无色无味的，但客户凭嗅觉却不能感知到。为了改善异常气味对品牌和销售造成的负面影响，公司对整车的零部件质量进行了逐一检测，最终确定了某一核心件的质量存在缺陷：该件的供应商在生产过程中未按标准添加抗氧化剂，以致该件在车辆行驶过程中开始氧化裂解产生一些无害的小分子物质，在车内产生了令人不快的气味。公司对此迅速反应，及时责令供应商解决了这个问题。

随着近年来一汽 - 大众全国生产战略布局的完成，整车产能实现了短时期的迅速扩张，质量部门工作量也陡然加大，质量技术和管理资源紧张的问题也变得格外突出。气味事件对公司的警示是，任何细微瑕疵最终都逃不过消费者的眼睛，最终都会反馈到舆论和市场结果上。在激烈竞争且有下行压力的市场中，车主越来越挑剔，"质量"的定义变得越来越宽泛。公司管理层需要面对的问题是：客户感知到的质量和产品真实是否符合标准有时并非同一件事，这在"异味事件"

中体现出来。类似这样的问题可能并不仅仅涉及质保部，在一汽 - 大众的公司层面应该如何去通盘考虑呢？

其二，质量与成本的平衡。对于任何制造业企业而言，与质量问题如影随形的即是成本问题。在保证高质量产品的同时，维持在同质化竞争中的价格优势，是对企业质量管理者最棘手的挑战。一汽 - 大众高层将公司的质量成本策略形象地描述为："质量和成本都是公司的根本，我们追求上上的质量，同时也追求中上的成本。"简单易懂的方针，实施起来却不简单。公司质保部门的决策往往要拿这一原则来反复衡量。一方面要认定什么是"上上"的质量、什么是"中上"的成本；另一方面是对实操能力的挑战——如何让"上上"的质量与"中上"的成本之间可兼容。

质保部门从"善做乘法"和"巧用减法"两个角度进行了回答。所谓"善做乘法"即是将技术投入放到质量效益产出最高的环节，即"好马配好鞍"，让有限的投入获取最佳的效果。例如一汽 - 大众 2019 年噪音专项攻关中，首先对影响噪音的密封性问题进行了深度归因分析，发现底盘路噪和前舱的发动机噪声是噪音的主要来源，因而在增加单车降噪包使用数量前，先将现有降噪包在车内的结构布局进行了有针对性的调整。结果表明，这一调整在平均降噪耗材成本增幅极小的情况下，试验车型噪音普遍降低 2 ~ 3 分贝，在噪音控制上实现了由入门级轿车水平向中高档轿车的提升，也被中方股东一汽集团高层誉为"不花钱解决降噪难题的经典"。

所谓"巧用减法"，即是针对车型设计中存在的一些"于整车性能无益、于法规标准无据、于用户体验无感"的"三无"细节进行排查和删减，如新奥迪 A4L 沿用德国习惯在副驾驶车门侧兜里设有的硬币槽，在当前国内普遍使用移动支付的情境中已经意义不大，所以被质保部门提出建议予以取消。2019年一汽-大众质保部门随即组织开展对全车型冗余工艺的排查，截至2020年6月底，共整理发现1245个冗余设计或工艺点，其中已经实施落地的点占比达到80%，实现单车平均成本80余元的降幅。

一汽-大众质保部门也正是在这一"乘"一"减"中，实现了品牌的高质量标准和有竞争力价格。而面对汽车行业"新四化"（智能化、网联化、电动化和共享化）的市场趋势，容易被发现的改善之处正在一点点被实行，但并不是所有的判断都那么容易作出。那么对于一些能够增加特殊条件下的安全性、但却在正常行驶时难以被客户感知的设计上，到底该留还是该舍？而且，如果竞争对手对此选择简化配置从而降低成本，一汽-大众又该做何反应？如何在保证一汽-大众的高质量品牌口碑的基础上应对成本集约化的新挑战？未来人工智能时代整车制造企业的质量管理又会有何新变化？

在资源有限的条件下，质保工作重点放在哪里才是最有效的？如何在公司全国布局、高负荷运行的条件下确保质量保证的效果？面对这些新的挑战，德国大众顺势提出了"Smart Q"的概念，并作为发展方向。"Smart Q"代表着大众集团对未来产品质量管理的探索，其重点内容是应对未来汽车"新四化"，除了传统的实物质量之外，还应该关注功能、内容、服务以及设计概念的质量，利用创新的质量工具，保障用户的体验。同样，一汽-大众期望在"工业4.0""中国制造2025"等科技进步浪潮的推动下，借助科技手段对质量管理流程和标准进行重塑，例如采取自动化检测设备和大数据人工智能的手段，塑造一个从研发到生产到售后的全价值链质量管理体系。

"时人不识凌云木，直待凌云始道高"，理论与实践都证明，任何一个没有外部输入的封闭系统总是自发地处于有序向无序转变的过程中。选择什么样的细节来塑造"质量领先"的品牌优势？哪些细节的存在体现着公司的质量方针？而哪些细节可以被去除而不影响质量口碑？这些对于包括一汽 - 大众在内的任何一家整车制造商来说，无疑是可以上升到总体战略层面的核心要素。当前，整车制造产业已进入成熟阶段，竞争几近白热化。回首 30 年发展，一汽 - 大众选择将质量至上与市场导向、管理创新、技术领先"并驾齐驱"，作为企业的经营方针，如今看来，这是一汽 - 大众在创新求变的发展历程中一次极富远见的关键落子。

附录 1：2019 年一汽 - 大众销量情况

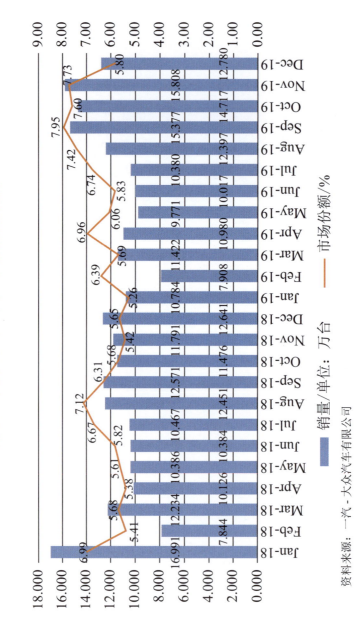

销量/单位：万台
市场份额/%

资料来源：一汽 - 大众汽车有限公司

附录 2：一汽－大众车型开发流程

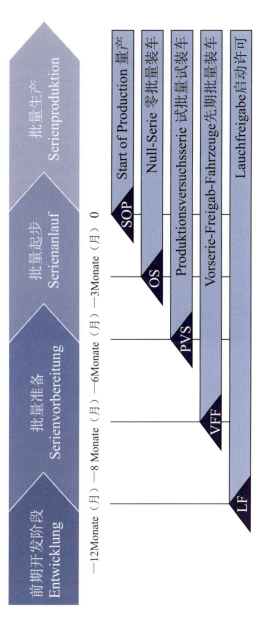

注：VFF.（先期批量试制认可，SOP 前 8 个月开始）：验证新零件／新车型在流水线上生产的设备通过性；O-Serie（零批量生产，SOP 前 3 个月左右开始）：获得预批量试制认可车辆；PVS（试批量试制，SOP 前 6 个月左右开始）：获得预批量试制认可车辆；PVS（试批量试制，SOP 前 6 个月左右开始）：按照生产爬坡曲线规划，在流水线上开始正式批量生产。

资料来源：一汽－大众汽车有限公司

附录 3：2018 年探歌项目自制件及外购件质量降分曲线

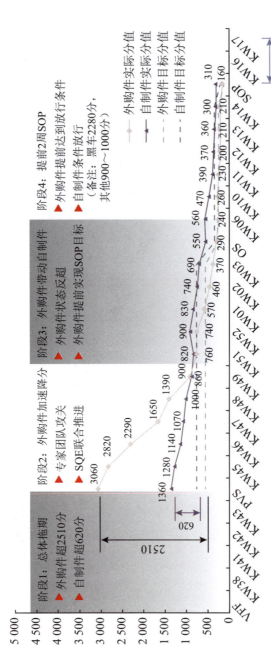

资料来源：一汽-大众汽车有限公司

附录 4：一汽－大众汽车有限公司组织结构

经营管理委员会

总经理
- 管理服务部
- 公司办公室
- 质量保证部
- 采购部
- 法务风险合规部

第一副总经理（财务）
- 财务管理部
- 控制部
- 金融管理部
- 内部审计室

副总经理（人事）
- 人力资源部
- 一汽-大众学院
- 安全保障部
- 外事协调科

副总经理（技术）
- 技术开发部
- 产品管理部
- 生产管理部
- 规划部
- 长春生产厂
- 佛山、青岛、天津分公司
- 动力总成事业部
- 预批量中心

副总经理（商务）
- 一汽大众销售有限责任公司
- 市场部
- 销售计划部
- 网络与培训部
- 售后服务部
- 未来业务发展部
- 捷达品牌销售事业部
- 整车物流部

直管部门
- 奥迪品牌销售事业部
- 进口车业务部
- 成都分公司
- 用户服务部
- 服务技术

研发体系

1991—2020 年是中国汽车工业飞速发展的 30 年，也是一汽 - 大众和中国汽车工业共同成长拼搏的 30 载。从最初的 15 万辆到现在 200 万辆的产销规模，从只有单一车型到拥有大众、奥迪、捷达三大品牌数十款系列产品，一汽 - 大众已经成为国内顶尖的 A、B、C 级全系列乘用车生产企业。2001 年，以新宝来的自主研发为开端，一汽 - 大众在硬件、软件、人才等方面加大了投资力度。2009 年 7 月，公司的产品工程部退出历史舞台，技术开发正式成立，职能涵盖了整车集成开发的全部环节，正式标志着一汽 - 大众从生产型企业向集研发和生产于一体的成熟汽车企业迈进。目前，公司拥有国内领先完备的试验手段及测试设备，在产品预开发、本地化开发、国产化认可、零部件开发以及整车道路试验等方面得到了全面提升，具备了国内领先、国际一流的产品开发技术实力。

作为中国汽车市场的佼佼者，一汽 - 大众在成立的近 30 年时间里取得了巨大成功。从最开始对引进车型的国产化工作，到自主研发出既满足德国大众标准又符合中国消费者偏好的本土化产品，一汽 - 大众技术开发已建立了完整的全价值链研发体系。随着市场环境的变化，技术创新、新能源和互联互通的新趋势出现在汽车领域，行业正经历着电动化、智能化、网联化和共享化"新四化"时代的洗礼，公司面临着与以往截然不同的新挑战。一汽 - 大众已在新能源、车联网、自动驾驶和共享出行的技术层面进行了自主研发的深度布局。

提高国产化率，带动汽车产业发展

对于一汽 - 大众来说，提高国产化率可谓是其着手实施自主研发的序曲。30 年前，一汽 - 大众初创时，几乎谈不上自主研发。第一款车型捷达起初国产化率很低，只有不到 5%，一旦整车运到中国，装上电瓶、车轮，就算制造完毕。这与我国当初成立合资企业、引进车型从而带动中国汽车产业发展的初衷大相径庭，严重不符。因此，一汽 - 大众从一个轮胎、一个轮辋、一个散热器等小件着手，开始了国产化道路。经过 5 年的艰苦奋斗，1996 年 4 月由国家海关总署、机械工业部等有关部门联合组成的国家国产化核查验收团对捷达轿车国产化率 60% 阶段进行正式核查验收，并予以通过。目前一汽 - 大众所有产品国产化率都达到了 90% 以上，平均水平接近 96%。

时任一汽 - 大众技术开发部被动安全科经理卢放于 1999 年大学毕业来到一汽 - 大众。他回忆说："作为技术人员，我见证了一汽 - 大众开发能力的形成。我当组长时，公司正在加快零部件国产化进程，降低制造成本，在国产化过程中还对有些零部件进行了二次开发和优化。"当时，一汽 - 大众产品工程部试验设备严重匮乏，座椅的疲劳试验仅在座椅上安装计数器，之后通过人工计数形成数据；而玻璃升降器的电动开关试验，也都依靠人工计数进行。一汽 - 大众无法开展的产品试验都不得不送往德国，费用奇高。

从 20 世纪下半叶开始，世界汽车产业的建设出现两种截然不同的模型。传统方法在建厂时多从铸、锻，即始自毛坯工艺，经过机械加工，最终总装出车。另一种模型则全然相反：建厂从总装起步，优先建设总装并实现整车的生产与销售，零部件最初则通过进口，其后逐步走向国产化，实现完整化生产，通俗地称为 KD+ 国产化。一汽 - 大众的模式即属于后者，在某种意义上，KD+ 国产化可迅速实现汽车工业的兴起，但此后 KD 件能否促成大规模国产化，则成为整个生产系统的关键。在当时的生产条件下，一汽 - 大众的国产化成果令人惊讶。

在国产化过程中，一汽 - 大众克服了两大难点：中德双方的文化差异和国内零部件供应商基础薄弱的问题。

在中德双方文化差异方面，一个难点是，中方在零件和生产线等生产活动上必须满足德方要求的国际"质量标准"。而所谓"质量标准"，通俗地讲，是人为制定的规则，是量化的评价指标，是消除分歧强有力的技术支撑。因此，在实际工作中将规则转化为"质量标准"时，中德双方产生过一些摩擦。是蓄意刁难，抑或严格把关？这便是两国企业文化的巨大差异。在早期，中方员工欠缺质量意识，认为只要保证在产量基础上完成任务，零件做工未必要尽善尽美，质量上存在"瑕疵"无关紧要，而德方一丝不苟、几近苛刻，不容半点差错，双方在文化理念上存在较大差异。

之后，一汽 - 大众历任总经理开始重视跨文化的培训和引导，强调相向而行，将合作这一主旋律提到公司文化建设的战略高度，淡化双方的文化差异和看法分歧，以合作精神作为双方利益最大化的最优选择。时任一汽 - 大众奥迪销售事业部副总经理于秋涛先生感叹道："合资合作引进的方式，对于当时中国的汽车工业，乃至零部件制作工业甚至材料工艺等领域都作出了极大贡献。如果当年不坚持旨在长远的精诚合作，那么中国现在的工业水平、制造业水平可能还停留在相当落后的状态。"

2002 年，一汽 - 大众启动 FE20 项目（F：forschung, 研究，E：entwicklung，开发），派遣工程师赴德国大众产品研发部门，开展"伴随工作学习"，为一汽 - 大众和一汽集团培养了大批技术开发人才及核心骨干。当年参加培训的 20 位工程师中，有 3 名升任高级经理，3 名升任二级经理，1 名被聘为高级专家，4 名为专家，5 名任主管。对于 FE20 项目，中德双方均表现出了开放友好的合作态度，体现出合作共赢的战略宗旨。在中方看来，随着研发能力的逐渐提升，中方需要承担更多开发工作，并与德方进行研发分工；而德方也深知每年10 多个车型的研发工作，仅靠自身力量，也不免力有未逮。作为全球计划的一部分，FE20 为一汽 - 大众培养开发人员，德国大众自然对此乐见其成，并鼎力支持。

另一个难点是，国内零部件供应商的基础薄弱，能力不足。1998年前，国产化处于最困难阶段，甚至找到一家令人满意的供应商都十分不易。为推进国产化，一汽 - 大众对供应商给予大力扶植，包括指定工程师亲往现场参与其生产，共同解决问题，还采用源于德国汽车工业联合会制定的 VDA 标准，甚至接洽德方供应商，促成两国供应商实现合资，培养了一批优秀的合资供应商。经过帮扶、培育，一些国内供应商，则从小作坊发展为跨国零部件企业，乃至参与我国相关领域标准的制定，这不仅为一汽 - 大众，更为我国自主品牌研发能力的提升发挥了巨大作用，同时也建立起现代化的零部件工业基础，影响至深至远。2000 年，首家由一汽 - 大众奥迪培养的本土零部件供应商跨出国门，成为奥迪全球采购供应商。2013 年，已有 60 家本土供应商（26 家中方全资）进入奥迪全球采购体系参与全球竞争，顺利实现了以合资方式带动我国汽车产业发展的初衷。截至 2019 年，一汽 - 大众本土零部件供应商总数已达 700 多家，其中核心供应商约 150 家。

推进国产化进程，建立全价值链研发体系

一汽 - 大众自成立以来，始终不忘提升自身的研发能力。2004 年前，一汽 - 大众以引进车型为主，对欧版车型进行深度国产化、中国专用件开发、技术改进和车型修饰。产品工程部的主要职责还包括关注在批量生产准备阶段德国大众 PEP（产品诞生流程）的场景应用。仅通过这一过程，一汽 - 大众便完成了国产化经验的原始积累，为后续实施自主研发奠定了坚实的基础。

2001 年中国加入世界贸易组织后，大量国外优质企业迅速抢占中国市场，国内企业面临的竞争环境更为激烈。各大汽车企业根据自身的实际情况，纷纷制定了新产品的自主研发战略。

在一汽 - 大众产品的国产化进程中，最突出的例子当属奥迪 A6 的加长。在当时，中国高端汽车的消费者特别在意车内后排空间的大小，俗称"二郎腿指数"。加长车型在中国市场大受欢迎，但加长轴距的困难会导致巨额投资。1996 年 1 月，合资双方签署联合开发奥迪 A6（C5）的协议时，就决定中国加长版车型与奥迪 A6 原型车的研发紧密配合，主要在德国奥迪总部同步进行。为了满足中国市场的需要，原型车设计的初期就已将加长的因素与相关数据都融入进去，大部分零部件都是专门为加长版车型设计的，充分考虑了加长后车型的性能、安全和整体美感。

在项目的谈判过程中，一汽与奥迪针对"加长"问题进行了反复

争论。一汽认为，中国版奥迪 A6 的关键就是"加长"，中国绝大多数的汽车拥有者，包括政府官员往往坐在后排，需要有宽敞的空间，这与欧洲消费者的驾驶习惯迥异。一开始，奥迪 A6 瞄准的目标恰是政府用车。在谈判初期，德国人不理解中国人的加长理念，不了解"政府用车"这一概念及其背后的中国文化。在中方不厌其烦的解释和坚持不懈的努力下，奥迪也对中国市场与消费者的驾驶习惯开展了一系列深入的调查研究，最终奥迪高层决定将加长版奥迪 A6 引入中国。1999 年，奥迪 A6（C5）正式进入中国市场。相比于全球版，中国版 A6 的轴距加长了 90 毫米，整车长度也增加了约 100 毫米，达到了 4 886 毫米。至 2004 年退市，这款车历经 5 载，总共销售了 20 多万辆。

而对于一汽 - 大众来说，对奥迪高档车型实施本土化开发的重要性不仅在于其市场价值，更重要的是其开发过程为国内培养了一批自主研发的技术人才。在后来引进奥迪 A6L 时，中方技术人员在国产化研发中完成的工作量与参与人数更大幅增加。一汽 - 大众多次派遣研发人员到德国奥迪公司进行培训，学习产品、生产、管理等领域的专业知识和技能，反过来应用到公司的经营与发展中来，甚至为一汽集团自主品牌以及其他自主品牌的产品开发作出了极大贡献。

随着中国汽车市场销量提升、稳步发展，大众集团收益颇丰，放开了宝来车型的开发权，由一汽 - 大众自主开发适合中国消费者需求并满足德国大众标准的车型，进一步巩固和拓展中国市场。在自主研发新宝来车型的 4 年中，研发团队急速追赶世界汽车科技前沿，实现了多个"首次"：参与产品的前期概念开发、制定开发明细表、参与大规模的结构设计、完成试制样车的制作、组织开发试验验证、全面深入地介入德国大众开发流程体系。同时，率先在公司内推广"同步工程小组"的概念，引导带动公司各部门有条不紊地参与到整个开发流程中。当年，研发团队对研发流程的每个环节、每个节点都按照德国大众的标准流程来执行，第一次全面参与并着手应用 PEP 产品诞生流程，这对提升一汽 - 大众的自主研发能力具有里程碑式的意义。

在国产化进程中，相当一部分中方自主开发的产品和技术被德方接受和采用。一汽 - 大众借机建立了自己的研发体系，探索、开拓了企业自主产品的开发流程，实现了产品研发团队从量变到质变的跨越。2009 年 7 月，产品工程部正式更名为技术开发部，时任一汽 - 大众人事副总经理张树森专程到技术开发部宣布新名称及新的组织架构。技术开发部（TE）这一名称和德国大众开发部如出一辙，这也标志着一汽 - 大众技术开发部的职能已从国产化转变为产品自主开发。根据车身开发部的一位高管回忆："2009 年以前，核心造型和验收会议是不允许中方人员参与的，现在中方的研发人员可以在这类重要会议上展示自主开发的成果，引导德方按照中国消费者需求进行产品设计。"

车身开发部隶属技术开发部，是四大专业之一，车身开发部的成长历史就是一汽 - 大众研发史的一个缩影。车身开发部部长刘巍介绍："1991 年一汽 - 大众刚成立时，德国大众对一汽 - 大众的定位就是一个完全的生产基地，或者说研发部门只从事适应性的无人化匹配工作。近 30 年来，随着能力的不断提，在最新开发的车型中，中方基本上都可以占据 80% 左右的开发份额。"经过摸索，车身开发部发现技术壁垒的界限如同一层窗户纸。德国大众对中方的开发能力逐渐认可，日益信任。而今，如内饰、外饰、安全等实验规范设计准则，德国大众已直接交予车身开发部。

刘巍部长介绍："这是一个逐渐博弈的过程。要想获得话语权，想获得开发份额，就要不断摸索。中方增加新车型开发的比重，可节省开发费近1亿元，因为中国人工成本低廉，且更适应中国市场。在此过程中，车身部分的改动最大，也是德国大众放开最多的领域。在中国消费者偏爱的内饰需求方面，一汽-大众更加孜孜不倦进行自主开发。"

"现在由一汽-大众开发的技术越来越多地被德国大众应用到全球，例如，手采的一些模块、技术，包覆式的仪表板，发光的行李架，锁模块的适应性匹配，人机交互的概念，等等。这些技术有一些已经量产，有一些尚未量产但正在开发中，德方十分认可，如轻质的座椅骨架、后座可调的座椅靠背、睡眠头枕等适应中国市场车身零部件的模块开发，均已纳入其模块体系。德国大众设有模块委员会，优秀产品会向全球推广。"刘巍介绍道。从全盘接受，到逆向学习，直至正向输出，一汽-大众的车身开发部门砥砺自强，坚持走自主研发之路，赢得了德方合作伙伴的尊重。

大众的 PEP 产品诞生流程历经多次优化更新，目前所采用的 PEP2017 开发周期达 54 个月，居于主流车企开发周期之最，主要分为四个阶段，即概念开发、批量开发、批量准备和批量伴随，这也是一汽-大众在建立全价值链研发体系中重点关注的四大要素。

概念开发阶段包括项目启动、项目前提、产品定义及项目确认工作。技术开发部门实施造型设计，确定风格特征，布置方案，聚焦技术创新点，构造虚拟三维造型模型。最终，需要在众多内外部模型中选定两个造型方案，确定第一版模块清单及产品技术描述，完成首台方案样车。批量开发阶段涵盖方案确认、造型决定、造型冻结、B 认可、批量认可等工作；技术开发的主要工作有：进行造型二选一，确认造型并完成表面数据，验收虚拟现实样车，建立明细表，计算、模拟、验证整车性能，验收 DDKM，最终在获得 B 认可后启动批量模具。批量准备阶段则主要推进先期批量、试批量、零批量及批量投产等工作。通过技术改进，修改完善明细表、数据及图纸并认证零部件型式，最终经过材料功能等的匹配试验验证，颁发 OTS、BMG 和 K 认可。车辆投产后，技术研发工作就此基本完成，在此阶段，做好批量伴随工作尤为重要，以保障赢得客户与市场，保证产品质量的稳定性和项目的经济性，进而确保企业具有持续竞争力。

对于一汽 - 大众的自主研发，2009—2019 年十年间的变化可以用"翻天覆地"来形容。如今的一汽 - 大众技术开发团队已形成从概念开发、造型设计、结构试验、零部件试验最终到整车试验的完整研发体系。在硬件上，公司拥有造型与虚拟现实中心、电磁兼容测试中心、台架试验中心、车辆安全中心、试制中心及声学中心等诸多先进试验场所。同时，黑河冬季试验场与农安汽车试验场（见图 2-4）的建成也大大提升了一汽 - 大众研发的硬实力。软件方面的投入更让一汽 - 大众"如虎添翼"。每年研发经费投入高达数十亿元，研发队伍

图 2-4　一汽 - 大众汽车试验场鸟瞰图（2018 版）

不断壮大，仅在 2019 年就增加了 400 多人。现在，一汽 - 大众的研发团队下辖 5 个部门 22 个科室，员工超过 2 000 人，其中来自 985、211 高校的硕士及以上人才占比将近六成。通过"干中学"和导师指导制，一汽 - 大众锻炼培养出一支过硬的产品研发队伍，并不断优化创新工作流程，建立和完善创新管理体系。一汽 - 大众各类技术培训实现了由"点状"到"网状"再到"全覆盖"式的飞跃，为员工成长插上了腾飞的翅膀。此外，为保持员工的创新活力，一汽 - 大众还积极搭建各种创新平台，深入开展员工自主创新活动，鼓励他们立足岗位发明创造，营造出良好的创新环境。

在软硬件实力的双重保障下，一汽 - 大众的技术开发实力已经达到了国际领先水平，在实战中自主开发出既符合德国大众严苛标准、又满足中国消费者需求的高品质产品。从 2008 年新宝来上市开始，一汽 - 大众主导开发的产品数量逐年增加，目前年均可完成 60 余个车型项目的同时开发，新捷达、MQB 平台的全新宝来、探岳、蔚领等车型是专为中国消费者开发的独有车型。2019 年，一汽 - 大众开发的产品覆盖了奥迪、大众、捷达三大品牌，燃油车和新能源车两大品类的 12 个车型，更多全新的产品将于未来两年与中国消费者见面。其中，集成 B 级的 SUV 与 MPV 两大产品优点的全新车型 B-SMV 更是开创了行业先河。进入 2020 年，一汽 - 大众研发体系的建设不断完善，5 月 12 日，一汽 - 大众新技术开发中心建设项目正式开工，预计于 2022 年 12 月正式投入使用。新技术开发中心将在车辆安全、整车性能、驱动系统、智能灯光系统、人机工程开发等八大领域，建设新的业界顶尖的技术试验室，大幅提升一汽 - 大众在上述领域研发的装备档次、试验范围、精度及对中国法规和用户需求的把握，开发真正适合中国市场需求的汽车产品，进一步提升一汽 - 大众的自主研发能力。未来，新技术开发中心不但能够具备传统车型的全工况整车及发动机排放和耐久试验能力，满足燃油车的法规试验要求，还将具备新能源车型的安全试验、性能测试以及电驱动动力总成试验能力和能耗测试能力，让一汽 - 大众在燃油车和电动车两条跑道上都能加速快跑，进一步扩大技术领先优势，增强市场竞争力。

从零开始到外方引入成熟车型中方负责国产化，再到目前在国内市场销售的相当一部分新车由中方自主研发，一汽 - 大众技术开发部已经取得了巨大成果，而他们却并未就此止步，始终向着"立足传统面向未来全盘布局，利用中国汽车工业转型的'天时'，集团支持、技术实力积累的'地利'，加上 2 000 多名充满斗志的研发人员的'人和'，实现全价值链研发能力的大目标，成为中国最优秀的汽车企业研发机构"的方向大踏步前进。面对中国汽车市场严峻的形势，2019年一汽 - 大众提出"聚力"前行，从"聚力"全价值链"优化""共创""革新"三个维度出发，提升精益化水平，开启合作新模式，最大化释放内部能量。2020 年，一汽 - 大众继续提出"创变"的口号，在经营、战略、体系等多个维度全面发力创新变革，推动企业整体的改善和突破。为此，一汽 - 大众技术开发部要立足传统面向未来全盘布局，继续完善全价值链研发能力和研发体系，为企业在激烈的市场竞争中提供有力保障。

应对"新四化"，开启新征程

2017 年 4 月上海车展前夕，在以"创新眼、看未来"为主题的前瞻技术论坛上，汽车行业"电动化、网联化、智能化、共享化"的"新四化"趋势被首次提出。实际上，国内外知名的各家汽车企业早已瞄准"新四化"方向持续开展了一系列前瞻性研究和技术探索。在中国经济转型的同时，汽车产业也在发生翻天覆地的变化。在市场演变、产业变革、高新技术的爆发与行业跨界进入的新形势下，汽车企业成功的标准已无法单纯以销量的高低来衡量，新技术导向深刻地影响了中国乃至世界汽车行业的竞争格局。

作为新生事物，新能源汽车在诞生初期难以在成本和技术上与传统燃油汽车进行竞争，前期技术积累和市场导入尤需政府的支持。各国政府都相继出台了大量扶持政策，促进新能源汽车的技术提升和市场推广。例如，日本和一些欧盟国家公布了燃油汽车的禁售时间表，计划在未来不断提升新能源汽车的销售比重，进一步加快电动化转型的步伐。受到欧洲收紧碳排放规定以及消费税上调等法规影响，各大汽车企业进一步加速电动化转型，2020 年起均会推出电动化产品并在 5 年内密集投放。

中国已经成为全球最大的新能源汽车市场，新能源汽车也得到了政府的高度重视，中央和地方政府先后出台了全方位的激励政策。计划到 2025 年，新能源汽车的销量占比达到当年汽车总销量的 25%，2020 年 3 月，国务院常务会议确定将新能源汽车购置补贴和免征购置税政策延长 2 年，以保持新能源汽车行业进一步有序、平稳地发展。近年来，以 5G 为代表的新一代信息通信技术的快速发展为车联网提供了超低时延、超高可靠、超大带宽的无线通信保障和高性能的计算能力。我国政府高度重视车联网产业发展，提出了建设"制造强国、网络强国、交通强国"的战略发展目标，各级政府部门积极响应，从出台产业指导政策、加快基础设施建设、推广应用示范等多个方面加快部署。2018 年 12 月，工业和信息化部提出了 2020 年及2020 年后车联网发展的明确目标，到 2020 年车联网用户渗透率力争达到 30% 以上，联网车载信息服务终端的新车装配率达到 60% 以上，实现 LTE-V2X 在部分高速公路和城市主要道路的覆盖。

智能驾驶也是我国未来汽车行业发展的重点之一，多项政策的出台加速推动智能驾驶技术突破。《车联网（智能网联汽车）产业发展行动计划》等政策指出，到 2020 年新车驾驶辅助系统（L2）搭载率将达到 30% 以上。根据《汽车产业中长期发展规划》，到 2025 年汽车 DA（驾驶辅助）、PA（部分自动驾驶）、CA（有条件自动驾驶）新车（即 L1-L3 级智能驾驶）装配率达到 80%，其中 PA、CA 级新车（即 L3 级）装配率达到 25%，高度和完全自动驾驶汽车开始进入市场。

各大汽车厂商也在不断推动智能驾驶技术的应用，已有多款车型配置了 L2 级智能驾驶功能，并呈现快速增长趋势。继特斯拉推出 Autopilot2.5 之后，奥迪 A8 率先实现了 L3 级别智能驾驶，在拥堵路段"成功解放了驾驶员的双手"；国内外知名汽车企业均宣布在 2020 年前后推出 L3 级智能驾驶车型。部分企业尝试跳过 L3 直接从 L4 级智能驾驶技术开始，为用户提供完全自动驾驶的解决方案。

面对新的挑战和机遇，一汽 - 大众制定了"面向未来"的产品战略，在创新理念的驱动下，增强技术研发力度，全面布局新能源、智能网联等领域，做好了"求新、求变"的准备。

早在 2009 年，一汽 - 大众就已涉足新能源领域，2011 年自主研发的开利电动车通过国家准入，正式登上公告，这是国内合资企业合资品牌的电动车第一次获得正式身份。2009—2014 年，一汽 - 大众一共完成了 5 代开利电动车开发工作，积累了丰富经验。2014 年，一汽 - 大众又进行了首次增程式电动车的探索，并且取得首个发明专利。截至 2019 年，一汽 - 大众新能源部门已拥有了一支强大的研发队伍，推出了高尔夫 - 纯电、宝来 - 纯电和奥迪 e-tron、奥迪 Q2L e-tron，以及三款插电式混合动力车型，正式迈入了新能源时代。2020 年 10 月，基于 MEB 平台（电动车模块化平台）打造的首款车型—ID.4 CROZZ 正式首发，将于年内分别落户一汽 - 大众及上汽 - 大众进行国产。作为一汽 - 大众践行企业"2025 战略"的排头兵，高尔夫 - 纯电和宝来 - 纯电两款车型打开了新能源领域的发展局面，插电式混合动力迈腾 GTE 和探岳 GTE 也将合力占领细分市场。奥迪品牌以奥迪 e-tron、奥迪 Q2L e-tron 两款新车为代表，开创了豪华电动车市场的新格局。未来，一汽 - 大众将在新能源车型持续发力，将在佛山一期工厂陆续投产多款 MEB 平台电动车型。（见图 2-5）

与目前大众在售的新能源车型相比，MEB 平台成功实现了革命性突破：一是 MEB 底盘设计完全以电池为中心，在底盘设计之初就充分考虑电池电机和电控布局，电池布局合理利用了空间，并且提

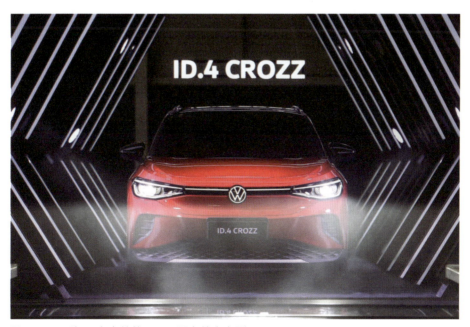

图 2-5 一汽 - 大众首款 MEB 平台纯电车型——ID.4 CROZZ

升了操控性。二是大众 MEB 平台的 E3 架构从传统的分布式电子架构升级为全新的集成架构，将几十个控制单元集成为 ICAS1、ICAS2 和 ICAS3 三个单元。其中 ICAS1 主要负责车内应用服务，ICAS2 支持高级自动驾驶功能，ICAS3 主要负责彩色服务，包括导航、娱乐系统的控制等。这将极大提升电控系统的智能化水平，为未来自动驾驶技术的融入打下基础。三是在全新电气架构支持下，MEB 平台可以实现高级别辅助驾驶功能和更多车联网功能应用，例如采用增强现实 AR-HUD 功能，不仅可以在前风挡上显示车速、剩余电量等关键信息，也可展示车道偏离、跟车距离、行人提示等驾驶辅助信息。在满足驾驶员对辅助驾驶显示需求的同时，使得整车更具科技感。四是 MEB 平台架构无须预留发动机和变速箱位置，前后车轴因此可大幅向远端移动，从而实现更长轴距和更短前后悬，并给设计师提供了更大设计空间，可以设计更具动感的车身比例，同时让车内空间更宽敞、更具多样性。

作为传统老牌汽车企业，一汽 - 大众与"造车新势力"相比除了拥有大量的技术经验外，最重要的就在于规模优势。MEB 平台采用巧克力式的电池布局，各种车型都能实现平台共享与模块化组合，减少了电动车20%～25%的零件数量并降低10%～40%的成本。一汽 - 大众多年形成的品牌效应对消费者存在巨大的吸引力，多年积累的优秀制造能力也提升了行业的技术壁垒。目前新能源汽车在车身和内饰的做工、驾驶操控性和豪华感等方面还存在许多可以提升的空间，这些恰恰是一汽 - 大众的强项，可以结合新能源车和传统燃油车的长处形成独特优势。

2010 年一汽 - 大众就开始与德国大众合作，持续进行车联网技术的预研发工作。2014 年和 2015 年，一汽 - 大众开始在奥迪和大众部分车型上尝试车联网技术的应用，主要包括基本的导航系统和信息娱乐服务。2017 年，一汽 - 大众在迈腾车型上成功开发出了第一代车联网服务，实现了控车服务（开关车门、远程遥控、寻车、速度监控、地理围栏）和信息娱乐（酒店、导航的准备出行、在线导航、音乐、智能家居、日程查看）等多项功能。

目前，一汽 - 大众研发的新迈腾车联网信息系统在国内 B 级车中处于领先地位，在与特斯拉、威马、斑马、蔚来、吉利等主打智能化的企业产品比较中也处于中上游。其搭载的"众行家"车联网服务提供了更安全、更快捷、更可靠的智能互联保障。"众行家"是大众汽车在车联网领域的子品牌，凭借智能语音、智联控车、智慧导航、智享生态等 29 项功能为用户打造了无界沟通、场景融合的出行体验。例如，"众行家"的汽车查找功能可以帮助用户在停车场寻车时轻松定位；天气功能可实时更新用户的所在位置、目的地或预定地点的最新天气数据；旅行资讯功能为用户提供关于行程目的地的感兴趣的地点如餐厅、酒店的建议，还可由呼叫中心直接将目的地发送至车内的信息娱乐系统进行导航。未来充电桩的密度和位置、充电桩的线上支付、自动泊车，甚至是 ETC 的通行支付环节，都会是"众行家"计划实现的功能。

虽然一汽 - 大众目前并非车联网技术的领导者，但它一直坚持研发积累并积极展开外部合作。在 5G 和车联网领域，一汽 - 大众已经与阿里巴巴、腾讯、华为等多家互联网巨头和其他车企达成了战略合作协议。2019 年，一汽 - 大众与大众中国合资并由一汽 - 大众控股的合资公司 - 摩斯智联科技有限公司成立，聚焦于智能网联业务，致力于构建内生、整合的研发运营能力。从 2020 年起，摩斯智联将为一汽 - 大众生产的所有大众品牌车型、包括基于 MEB 平台打造的新能源车型提供数字化服务，为用户提供极致的智能网联体验。

一汽 - 大众从 2016 年开始进行智能驾驶技术研发，目前已成功推出第三代产品，实现了汽车在高速公路上时速 100 ～ 120 km/h 的自动驾驶辅助以及自动变道功能。一汽 - 大众在开发自动驾驶产品时，始终将提升用户体验以及保证产品的安全性作为第一优先，目前新迈腾、宝来、探岳等车型已经搭载了 L2+ 级别驾驶系统，一汽 - 大众正在尝试将部分 L3 级别和 L4 级别智能驾驶的模块应用在车辆中，力图实现行驶更安全、驾驶体验更佳的效果。

以新迈腾车型为例，它搭载了一汽 - 大众自动驾驶领域的智能技术解决方案 IQ.DRIVE，包含驾驶、泊车及安全三大维度。IQ.DRIVE 的全速域辅助，涵盖了从 0 ～ 160 km/h 各种速度下的驾驶场景。"Travel Assist" 也是一个非常便利的功能设定，将相互独立的驾驶辅助功能，包括车道偏离、车道保持、前后碰撞预警、ACC 自适应巡航系统等全都融合到了一键设置内。除了行驶场景，新迈腾还提供了 360° 鸟瞰式的全景泊车辅助和适应多种车位场景下的智慧泊车辅助功能。另外如 2018 年推出的探岳车型也搭载了 TJA 交通拥堵辅助系统，搭配 ACC3.0 自适应巡航系统和 Lane Assist 车道保持功能，具备了 L2 级自动驾驶水平。

2019 年，业内规模最大、功能完备的智能网联汽车模拟仿真研发中心也正式落成。据技术开发部的一位高管介绍："目前一汽 - 大众研发部门已经在仿真研发中心接近 800 平方米的范围内将国内路况中最典型的闸口、闸道和山洞等场景模拟建造出来，并用实验车辆对自动驾驶技术进行相关的基础研究和算法的积累。"未来一汽 - 大众将继续对智能驾驶的实验硬件进行强化和完善，力图实现国内路况常见环境如著名景点、繁华商业区、学校等的全覆盖。

在持续低迷的市场环境中，一汽-大众成功实现了全年中国量产车产销及市场份额第一的目标，但未来市场的发展趋势仍不可预知。尽管德国大众和一汽-大众已在新能源、车联网、自动驾驶和共享出行等技术层面实施了深度布局，但来自欧美、日韩和国内的竞争对手同样不甘落后，一汽-大众在未来将面对更加复杂的市场环境和更多对手的激烈竞争。凭借中德合资双方的密切合作以及在新技术领域的稳健策略，一汽-大众力争在中国汽车市场突出重围，实现传统燃油车和新能源车双向作战的"两开花"。与主要竞争对手奔驰、宝马相比，德国大众对中方合资伙伴相对开放。除核心产品平台定义之外所有的数据和图纸都与中方完全共享，中方在自主开发车型的过程中积累了丰富经验，德方也充分考虑中国消费者的特定需求并吸收中方开发过程中的创新之处。

此外，特斯拉、国内"新势力"车企和日系车企等竞争对手在新技术领域不断增加投入，对传统汽车行业产生了颠覆性的影响。除新能源汽车之外，大众集团和一汽-大众在车联网、自动驾驶和共享出行领域采取了较为稳健的战略，将自身定位为新技术的"快速追随者"，在保持传统燃油车的优势地位之外不放弃对新技术的探索和尝试。这种策略在技术快速迭代、不稳定和颠覆性的市场环境中能够有效帮助一汽-大众有效地分散风险，同时在时机成熟时借助一直以来的技术积累实现快速追赶和弯道超车，持续保持企业的竞争优势。虽然一汽-大众技术开发体系曾经取得了巨大成果，但面对着"提升全价值链研发能力、成为中国最优秀的汽车企业研发机构"这一更远大的目标，仍未就此止步。到 2025 年，一汽-大众技术开发将进一步加大研发投入，推动研发升级，在新能源汽车、智能互联、自动驾驶和共享出行领域继续拓展，不断完善面向客户、新技术新市场的全价值链研发能力，为中国消费者提供最具竞争力的产品。

30 载沧桑巨变，一汽 - 大众研发体系实现了从无到有、由弱至强的转变。从最初的零部件进口，到逐步走向全面国产化，乃至最终实现提升全价值链研发能力的理想目标。全价值链研发体系建立后，涵盖了整车集成开发的全部环节。

近年来，汽车行业"新四化"趋势洪波涌起，如巨浪袭来，跨界新进者、场外搅局者、业内奋进者前赴后继，争先恐后，推波助澜，弄潮时代。当今，造车新势力异军突起，风光无限；然而，传统主机厂却藏锋敛锷，暗中蓄力。一汽 - 大众早已确立"面向未来"战略全面布局，增强研发，发轫跨入新能源、智能网联、自动驾驶等领域，并携数十载整车制造经验、规模优势及品牌影响力，殊途同致，开创出"大象起舞"的全新局面。

作为变革的前瞻者、推动者、践行者，一汽 - 大众技术开发将持续以市场为导向，秉承企业价值理念，研发出更多更好的契合时代发展方向的品牌产品，在汽车领域，满足广大消费者对美好生活的向往。

人力体系

内外多举兼收，真诚广纳贤才

从起步之初，一汽 - 大众就立志成为世界一流的车企。1991 年 2 月，一汽 - 大众成立，面对要在几年内建成一个年产超过 15 万台汽车的宏伟目标，团队管理层迅速意识到，人才是短时间内快速成功的基石。

一汽 - 大众求贤若渴，前往人才荟萃之地，如一汽集团汽车研究所，举办招聘会，传达其创建理念和目标。一汽集团已储备大量汽车领域人才，所以首先即从集团内部挖掘一流人才，邀其加入一汽 - 大众这一新成立的合资"大舞台"。时任一汽厂长耿昭杰提出"一汽要全心全意支援一汽 - 大众，一汽 - 大众要全心全意依靠一汽"的口号。那时，合资企业尚属新鲜事物，很多流程、规范都不甚清晰，一大批一汽工程师冒着失去"铁饭碗"的风险加入一汽 - 大众。

此外，作为中德合资企业，内外部交流沟通必须非常充分、畅通。而精通外语，尤其是德语的人才，在现有体制内并不完备。因此，企业快速在全国重点院校大规模进行德语类人才招聘，从北京大学、同济大学等国内一流高校，迅速吸纳一批德语类人才，解决合资企业在初期的人才瓶颈。

现任人力总监李松梅表示，人力部门必须引领公司战略发展，主动从外部人力市场去挖掘合适人才，说服其加入公司以建立新的标准。同时，需建立一个共同的认知，即"专家在哪里，我们的基地就建在哪里"，从以核心人才为驱动的战略布局考虑。自 2017 年，由于业务需求变化远快于以往，一汽 - 大众原有的串联式规划：先进行业务规划，后进行人力资源调整，已不再可行。很多决策需要快速开展并达到初步成效，但公司内部尚不具备相应人才。举例来说，按照"2025 战略"，根据原来的思路，业务部门没有在很快的时间拿出一个较为清晰的规划，也没有得出扩招人才的结论。但从公司总体战略层面上，电路部门、研发部门都需要有顶尖的合适人才加入。

伴随着汽车"新四化"需求，公司需要大量的互联网、物联网、大数据、云计算、智能硬件等方面人才，公司过去并不具备这些人才，因此需要到互联网人才聚集的地方挖掘，如成都、杭州、深圳、上海、北京等。一汽 - 大众在传统的 IT 信息化方面本来也有几百人，但是现在更需要引领型人才，如果不在这方面进行调整，企业的 IT 进程、数字化转型只能不断寻求外包模式的合作，未来就不会有明确的利润增长点，在很多方面就会面临掣肘。

根据人力资源部的规划，现在要从订制阶段性目标开始，起步时 10% 的信息化业务开发是依靠自己，逐渐打磨团队，增加自身研发迭代能力，到最后 80% 的要依靠自己完成，整个公司现在就应为这个目标开始做相应的人才储备。如果内部转型的速度不够，公司将会面临严峻挑战和竞争。同时，必须弥补公司内部的电动化、数字化短板，要以最快的速度招人，了解此类人才的特点。要想给业务提供足够的支援和支持，一系列都得灵活变通。许多改变一开始未必就能被全公司接受，但是作为一汽 - 大众的现有人力资源部，需要快速与相对应的业务部门负责人进行详细沟通，在未来人才的布局和需求上达成一致。赢得支持后，人力部门就该快速响应、行动。

与此相对的是，2017 年起，造车新势力崛起（例如以主打新能源车的蔚来汽车、小鹏汽车等），不仅在国家对新能源的战略性支持下，成功从传统汽车市场分走了一部分份额，更大肆从传统车企进行人才挖角，一汽 - 大众开始面临越来越高的人才流失风险，公司已经意识到这个挑战。造车新势力的陡然崛起，往往依靠的是新技术和新思维，背后缺乏传统车企的长期积累，因此必须快速弥补自身短板，最便捷有效的路径就是从传统汽车行业的头部企业获取人才和经验。不仅是一汽 - 大众，其他传统车企也面临着同样的人才挑战。传统车企的人才跳槽到造车新势力的公司，薪酬和职位往往都获得明显提升。

立足现代管理，构建人力体系

在合资公司建立初期，许多一汽集团内部的员工不愿调动到一汽 - 大众工作。当时德方的第一副总沃尔夫先生发现，中、德双方的员工干一样的活，双方工资差距却相当大。从集团调岗到合资企业的员工，还以原单位的标准领取工资。公司很快便将此工资体系制度进行改革，对岗位价值重新进行评估分级，再分成不同薪酬段，给予员工足够的待遇和成长空间。相应的外派人员福利制度也伴随着德方人员的加入而逐渐完善，包含探亲制度等。初步的岗位、薪酬、绩效体系在双方不断地商讨、沟通中逐步形成。

在合资企业建立初期，全员劳动合同制度就打破了原有的计划经济时期的国有企业人事管理制度。一汽 - 大众为顺应新的发展，全面开展薪酬、岗位、绩效制度的建立。人事部门的工作逐渐从招聘任务转型到岗位价值认定上。

随着企业逐渐发展和行业外部的剧烈变化，现有的内部岗位设定和分配机制都面临着不合时宜的问题。2018 年起，人力资源部着手开展这方面的优化，分领域、分层级进行改革。首先，所有人的工作目标都须支撑公司的大目标。不管是工人还是干部，员工的价值体现都要以支撑公司大目标为评估标准。以原有做电气开发的研发工程师为例，是靠年资积累和职级晋升，垫高了基本底薪。但随之而来的问题是，年轻有能力的干部和技术人员目睹此现象后，干劲会减退，因为从薪酬角度来说，他们无法超越老员工。因资历而产生的收入倒挂不仅会打击有能力干部的积极性，更会让公司陷入困境且缺乏创新突破的动力。所以，薪酬体系的改革，首先要调整现有工资的固浮比结构，将固定工资占总收入的比例缩小，增加可浮动比例。改革前的体系是从 2006 年开始实施的，一直到近期的改革也行之有年。在重塑管理体系时，这样的薪酬结构制度难免会产生掣肘，故而必须优先进行改革。

一个员工数量如此庞大的企业，改革过程中难免会遇到诸多阻碍，会有进两步退三步的感觉，起步非常艰难。因此，前期沟通异常重要。在此过程中，一汽 - 大众人力资源部团队不断进行纵向、横向的内部沟通，所有的管理层到干部再到员工，都需要有一个基本认知，知道这些改革不仅是为企业的永续发展好，也是为努力工作的员工好。只有当大家的认知达成共识，薪酬、岗位的改革才能不仅起到激励作用，又能有个平稳过渡，让员工持续释放活力，公司能收获相应回报。这种操作手段和杠杆能力，非常考验管理团队决心及人力执行团队水平。在这点上，一汽 - 大众可以说是业内标杆。合资企业大都面临外资要求不断提高占股比以执行落地更多先进管理，一汽 - 大众不断自我更新，不仅敢做别的企业不敢做的改革，还能让改革平稳开展。不论从长期以来的公司业绩上，还是在新冠肺炎疫情期间的逆市上扬，都充分体现改革初步的成效。

2003 年，一汽 - 大众引入了来自德国大众的人力测评体系——AC 测评（Assessment Center）模式。AC 测评于 20 年代初诞生于德国，是多位专家通过多种评估技术，对候选人多维度特定素质进行多次观察和评价的过程。1999 年，为提高选人用人的科学性，一汽 - 大众从德国大众引进并内化了 AC 测评技术，将其应用在后备经理管理潜力的识别与发展中。一汽 - 大众自 1999 年从德国大众引进 AC 测评后，2003 年 7 月成为一个历史性的转折点，明确将 AC 测评从辅助的评估工具转变为一套完整的人才选拔体系。这个改变在当时是引领行业的。AC 测评早在 1998 年就被上汽大众引入中国，但在此之前国内企业一直把它作为辅助学习工具。将其作为核心评估工具对于一汽 - 大众来说下了很大决心。定位改变后，AC 测评将直接成为一个核心的人力硬指标，所有二级经理以上的人才提拔都需经过这个考评。由 AC 测评来测试候选人的管理潜力，使管理岗位晋升变得足够透明，找领导找关系都变得无用。这个制度是"刚性"的，面对外在对于人事聘用的质疑，公司可以拿出足够多的依据进行反驳。

在这套选拔机制下，达到"通过"很不容易。但在一汽 - 大众，这是通过二级经理晋升的刚性标准。通过 AC 测评，意味着员工具备了晋升的基本资质。严格通过 AC 测评筛选高潜人才，一方面提高了选人用人的公信度，降低企业用人风险；另一方面促进了优秀人才脱颖而出。此前，一汽 - 大众高层曾感叹："一把手抓用人权，用人权最重要的是干部任命权，我把用人权交给了科学体系。"虽然这个测评标准很高，很多人无法在第一次就获得晋升，但企业却发展得相当迅猛，快速裂变。2012 年，一汽 - 大众实现百万辆汽车的生产突破，光是在 2010 年就引进 900 多名大学生。此前公司面临事多人少的困境，在 2006 年时有 97 位二级经理，到了 2012 年时快速成长为 300位二级经理，成长速度远超预期。而在德国大众，一般需通过 15 年的培养，才能通过成长和积累成为合格的二级经理。2006 年到 2012年期间，德国大众面临相当大的人才短缺挑战。

AC 测评结合多种测评工具（如小组讨论、个人汇报、角色扮演等）对候选人进行综合考察。测评案例聚焦公司长期战略实现、短期经营指标达成和不同时期的重点、难点、热点的管理类问题，引导候选人提前思考，促进上下同欲。每期测评，均会邀请 6 位来自不同领域且经过专业评委培训的公司高层级经理人员担任评委，并严格遵循直线上级经理回避原则，保证评价过程的公平、公正。测评过程中，候选人一方面需要清晰准确的识别问题、分析原因，并给出有效的解决方案；另一方面还需要多维度思考、权衡利弊，选择最佳方案。同时，过程中还要将思考的过程清晰、有逻辑地展现，让评委们理解。测评中通过还原日常工作经常出现的场景和问题，让候选人更有代入感，真实展现自我，同时还会有各种不确定性和突发情况，从中观察候选人的真实能力水平和应变能力。每项练习都会对多项能力进行观察和评价。同时，通过科学的评价矩阵，由 3 位评委针对每项能力单独评分，并阐述打分依据，主持人也会严格把握标准，帮助和引导评委准确评分。过程中如分数出现较大分歧，主持人将组织 3 位评委充分合议共识，最终确定每个能力项的分数，并针对该项练习中对候选人的表现给出优劣势评价和改进建议。

由于 AC 测评具有一定难度，公司内部也有这样的观点：坚持采用高标准筛选管理干部，晋升作为激励手段是否实施得过于谨慎？是否对公司发展形成了一定程度的制约？在同业间激烈的人才竞争背景下，公司还要不要长期坚持以 AC 测评作为提升管理干部的门槛？另外，在"新四化"的公司发展趋势下，公司需要快速针对新的业务制定相应的人才标准。公司对未来人才结构作出预测，传统业务从业人员势必要逐渐减少，同时提升个体工作效率；新业务需要迅速落地并扩张，因此新型人才的重要性逐渐显露。为了迎接新的行业挑战，人才的判断标准发生了改变，公司需要更多年轻一代思维活跃的管理者影响未来的战略。更重要的是，公司需要快速从人力市场上识别并且补充那些无法从公司内部识别并晋升的新型人才。但是，新型人才和新一代管理者是否还能采取老的方式慢慢雕琢、慢慢识别？

2017 年后，一汽 - 大众迈入转型期，着重强调尤其是数字化的假设，企业文化和管理模式也发生了一些变化。也连带使得许多考核的方式和给员工制定 KPI 的思路都相比从前，有许多的不同。例如形式主义的你每天几点上下班、在岗位时间是否足够久、是否有加班等因素将不再是主要的考量。取而代之的是评估所有员工工作的完成质量和完成情况。从人力资源的角度是首先要从公司总体战略的层面上思考相应人力资源战略的一些调整。并且要思考落地环节中可能面临的问题，并提前进行规划。首先要打磨出一个标杆组织形态，许多的问题都能在此进行测试和迭代，紧接着设计一套模式，借由整体公司领导的认可，到串联各个部门的负责人认可，把大家组织建立起来，最后这些改变再逐步地推向每一位员工。如此循序渐进的过程，使得新的企业文化更加温和地与原有的企业组织文化形成融合和嫁接。

公司的整体战略目标要融合到经理人员的考核 KPI。具体来说，例如在公司现在转型时期说推动的许多战略，要变成一个个可考核的目标，成为各个负责人、经理人的日常 KPI 的一部分。把任务服务战略的思路更加具体地呈现出来，并且与员工的绩效进行结合。这样不仅能让员工感受到自己的存在感和价值体现，而且相比过去，战略的执行落地效果可以获得明显提升，整个公司的战略才有可能落实下去，这个过程是公司转型过程中非常关键的一点。

同时在这个转变过程中，公司不得不面对一些人才体系优化的问题。许多老员工在一汽 - 大众工作已经接近 30 年了，他们的很多精力和体力都已经无法跟上公司现在许多要求，如何保证所有人不下岗的情况下，还能提升工作的效率，是近几年人力资源体系以及管理服务体系的一个重大挑战。

坚持培训之路，升级职业教育

在合资公司成立初期，队伍的英语能力培训是最重要的任务。根据第一任人事副总经理黄金河的回忆，当时初设培训班时，发现人员外语能力参差不齐，很难一起培训，故而设立了两个班级，一个进度较快，针对底子稍微较好的员工；一个进度稍慢，针对基础薄弱的员工。这说明从公司起步时，就非常看重内部培训的重要性，而且必须不能只着重于形式化，要结合具体业务的问题，进行有重点因材施教式的培训。

这个过程其实对于很多员工来说非常艰辛。那时，青少年的英语教育不如现在发达及普及，要求很多中层和一线干部开始利用下班后的时间学会英语，并能与德方工程师进行交流，看起来容易、实际上却非常困难。许多人都要克服能力及心理上的障碍，不断挑战自己的极限。就是这样的坚持，使一汽 - 大众的内部沟通磨合逐渐上轨道，这一切都少不了人力培训部门的推动和老一汽 - 大众人的努力。

紧接着在生产落地环节，一汽集团虽然作为老牌的国内一流车企，但其汽车工业制造水平相比德国还有显著差距，而源源不断地派人到德国进行培训并不现实，由于上汽大众已经早 5 年与德国大众就桑塔纳车型的生产进行合作，一汽 - 大众于是与上海大众签订合作协议，将干部和工作人员分批派往上海，进行实地伴随式培训操练，与上汽大众的员工一同深入一线岗位、生产线一起工作，接受实战训练。

其中，生产资料焊装组的团队，因为中德技术转让协议的条约，被派往德国大众生产基地接受培训。根据被派去的同事回忆，到了那边才知道自己原来对汽车生产的所学和理解实在过于浅薄，与德方相比，感觉自己只有小学生水平。通过这次培训，派去的 4 位同事每天把握机会学习，尽可能把相关的资料带回中国。

从卡车到轿车，是一个不小的跨越。当时合资企业内部每天举办大大小小的培训活动，掀起了一阵前所未有的学习浪潮。许多培训都是在一边生产、一边培训中完成的，人力部门作为居中协调者，要在这个过程中确保各个环节的培训到位，帮助员工的能力能在最短的时间内快速提高。

在数字化转型过程中，很多员工的认知、技能都需要更新升级。一汽 - 大众依旧把培训放在变革的第一步来执行。举例来说，首先所有的高级经理都要进行为期一周有关"数字化"的脱产培训。公司要求所有人全身心投入学习，同时从阿里、华为等企业聘请了专业的老师，将数字化相关的知识浓缩成若干个课题分享给大家。公司的高层有时也会亲自下来授课，分享他们对于数字化的理解和认知。"很多人像我到这个年龄，实际上已经思维有点固化了，不愿意再去学习了，而且好多人因为一听到数字化就觉得是和软件相关，就不想再去接触"，总经理办公室主任李志宏娓娓地阐述自己的体会。高管们在分享中不断强调，人脑只有通过学习进行激发，才能使得脑力不断升级。类似这样针对各部门经理人员的培训是非常必要且重要的。因为在此过程中大家能统一思想，之后面临许多转型问题的时候，大家才能在各个部门的基础上，沿着公司大战略的方向一致发力。

一汽 - 大众还会请麦肯锡等知名咨询公司进行培训、分享，并在高级管理层开展数字化研讨会。通过反复交流、思辨，公司未来的改革路径和目标也越来越清晰。讨论会从问题入手，上升至如何形成战略层面的规划，落地时如何将战略细化到每个部门、每位员工的行为上。通过多种形式的活动，公司对员工的认知、能力、思维等方面进行反复培训。只有经历过这些详细的布局和铺垫，转型才有可能成功起步。

2012 年 11 月，一汽 - 大众举行一汽 - 大众学院揭幕仪式，标志着对企业内部职业教育的探索达到了一个新的战略高度。这样的改变，也是希望与德国大众公司组织架构保持一致，从战略上建立更紧密的衔接，将培训工作放到更重要的位置，并且对内部培训的效果提出更高的要求。一汽 - 大众学院主要根据人力资源部门的需求和能力评级定义，针对相关员工的不同水平，进行管理、技工、综合能力等培训，最终再回到人力资源部门进行验收，形成一个完整的闭环。

这样的调整，将规划和验收部门留在了人力资源部，而将课程制定、组织、培训执行等落地环节放在了一汽 - 大众学院。公司可以决定员工接受什么样的培训，员工也可以反馈需要培训的内容和课程提案。学院统筹协调，形成良性的内部双向学习循环及积极氛围。应对大环境的新需求，例如企业数字化转型、新能源的研发趋势等，一汽 - 大众学院在人才方面给予相应的技能培训。同时，也协助相应部门做好培训、衔接工作，使员工能尽快适应新的岗位。公司为加速、有效转型，从外部获取大量人才，有些人才对汽车甚至传统制造领域相对陌生，缺乏相应的基础知识和技能，需要一汽 - 大众学院承担培养他们的重要任务。

2019 年以来，公司对一汽 - 大众学院的培训效果考核，关注培训是否带来实际业务提升，同时为员工赋能，追踪员工实际成长效果。近两年，一汽 - 大众亮眼的业绩表现与一汽 - 大众学院密切相关。一套完整的培训流程和方案，800 多个视频、1 000 多份的标准化培训线上文档资源库，有效提升了业务人员的能力。一汽 - 大众学院作出的努力和贡献，获得德国大众总部高度认可。在标准严格的德国人心目中获得如此肯定，难能可贵。

企业文化聚力，转型常规皆变

随着企业的成长，企业文化的建立逐渐形成一种独有特征和内聚力，构建企业内部氛围和规范，潜移默化地影响每位员工。在过去30 年的积累过程中，一汽大众形成了许多具有特色的企业文化，例如追求卓越、严谨务实等。

在企业数字化转型过程中，许多项目都是以项目制方式进行，并且需要快速紧密的相互合作。这样的合作模式不单要求基于传统组织架构的纵向合作模式，同时也需要部门之间的横向串联。例如针对开发一个销售管理的软件，需要销售部、信息部、产品开发部等多个部门的同事，快速组成工作小组进行讨论、沟通、磨合、落地测试等，最后将产品开发出来。这个过程要求团队不仅能快速发现问题，而且在协作时具有创新性、敏捷性，去除岗位的权威。这样一种新的企业文化植入，是决定敏捷协作模式能否成功的关键，也展示了企业推进数字化转型的过程中，在人的协作根本模式上是否有新的突破。

企业文化升级的过程，说起来容易，做起来难。一汽 - 大众作为底蕴传统的车企，职级层次鲜明，从总经理、二级经理到主管等，大家习惯于听从上级指示的协作模式。企业文化的转变，需从根本上倡导充分尊重每位员工的意见，尤其是专业的意见。在小团队里不搞领导、员工的区别界限。每位员工都应发挥价值、贡献想法。

同时，一汽 - 大众也鼓励员工主动对接、积极承担在部门协作时职责划分并不严谨清晰的"灰色地带"。如果只是各干各的，不仅工作效率无法提升，许多创新想法也无法在积极协作的场景下产生碰撞的火花。人力资源也着手调整相应的绩效奖励，评价体制会包含共同担待的评价指标，例如："协作奖"，让员工有"一荣俱荣，一毁俱毁"的思想准备，提高共同承担责任的部分。

一汽 - 大众很多日常管理模式也会发生改变，许多弹性的制度都可以根据业务需求来落地实施，例如一个 50 人的移动互联网的开发团队在成都组建团队，重新建立符合公司需求、年轻人满意的管理制度，甚至包含打卡制度、僵化的考勤制度都取消，大幅度地参照互联网巨头阿里、腾讯等管理模式，一切只要求团队把任务高质量、如时地完成。并且另外一个选择成都团队最为试点的重要原因是，偏离长春本部，可以全心全意做好试点，而不会相互干扰。这个团队所产生的效果是令人惊喜的，利用敏捷开发、快速迭代的思路迅速产出包含销售管理的应用，并且可以针对销售部门的需求做快速迭代改进，符合实际落地的需求，这种效率在以前是不曾见到的。

2018 年以来的人力资源力图把体系规划颗粒度做得更小。之前的许多改革，往往无法一次到位，只能在推进过程中不断地微调，为个别情况而设特例，良好的初衷反而招致更多的抱怨和意见，所以需要提前预留足够的空间，把计划适应期做得更久远，考虑的细节更加全面。据李松梅总监回忆，改革后的人力资源体系考虑了"地域消费水平差异、不同类型工作、外籍本国籍员工的特殊性"等一系列因素。

2017 年时，公司再次强调以价值创造者为本的核心思想。公司人力资源团队在沟通时秉承将心比心的工作思路，做好员工心理感受建设。

所有的人事相关改革，一定要与一线管理经理岗位反复沟通，所有的直线经理一定要有共同的认知后，才有可能落地实施。改革的成败与效果也与经理们的认知有着直接关系，他们所发挥的核心群体作用有助于在此过程中降低沟通成本，并缩短改革给员工所带来的不适应期。例如 2018 年职工代表大会所通过的岗位、薪酬等改革方案，就是提前在 2017 年与所有高级经理进行至少两轮的深度研讨，并且由人力资源部门与各部门经理各自组织部门内部的宣讲活动，研发和质保都有超过 2 000 人参与宣讲讨论会。研讨过程中，大家不仅要从公司发展的视角探讨问题，也要从员工福祉的角度来阐述初衷。所有的问题，必须现场解答或经后续研究快速给予答复。

对于一个成长型企业来说，雷厉风行的改革虽看似气势如虹，但往往会忽略个体的感受和组织的承受能力，在执行过程中也很难与现有的体制和经营立刻切割看来。所以慢火快炖、小步快跑是一汽 - 大众在人力资源改革上所采用的方式，按照人力资源部李松梅总监的说法，这就是一个拧螺丝扣的过程，半年一拧，逐渐迭代，让大家从有意识到改变开始来临到逐步接受，需要节奏和过程。

历经 30 年的发展，一汽 - 大众人力体系通过创新、变革，扮演了愈发举足轻重的角色。从首任总经理林敢为任内推荐的"18 棵青松"，到陆林奎总经理的"大刀阔斧"，秦焕明总经理的"薪酬动刀"，再到安铁成总经理的转型重塑，张丕杰总经理的"滴水穿石"，直至刘亦功总经理的转型重塑，一汽 - 大众人力部门实现了从简单辅助到系统支撑、由粗犷随意直至精细科学的全面人力体系的深层、彻底嬗变。这一人力体系不仅确保企业在生产研发上达到德国大众的高标准，更在组织进化、体系自生、管理提升等软实力建设上，也与时俱进，立定潮头，不断引领企业时而转舵避险，时而乘风破浪，时而激流勇进，取得令人瞩目的巨大发展。

营销体系

一汽 - 大众经过 30 载的栉风沐雨，生产基地已覆盖长春、成都、佛山、青岛、天津，形成"五地六场"的布局。从建厂初期的一个品牌一款产品，发展到如今奥迪、大众、捷达三大品牌近 20 款产品，成为国内成熟的覆盖 A、B、C 级全系列乘用车型的生产企业。从 2018 年起，一汽 - 大众开始发力布局 SUV 系列产品，相继推出了探歌、探岳、探影等极具竞争力的产品。同时，捷达品牌的发布，作为其全新的独立子品牌，强力下探，开发经济型轿车细分市场。此外，一汽 - 大众将电动化作为未来 10 年的核心战略，全力发展电动车、打造 MEB 平台车型，构建全新全车电子架构，以软件定义汽车，响应国家汽车"新四化"的号召。30 年的发展，一汽 - 大众开辟了中国家庭轿车时代，让千万个家庭圆汽车梦，在中国汽车工业的发展历史上留下了浓墨重彩的一笔。

践行营销理念，修炼彰显内功

一汽 - 大众的成功不仅源于德方血统中严谨文化理念的渗透，还源于长期浸濡在东北老工业基地传统工程师文化的氛围中植根生长的卓越品质与精益精神。此外，尤其离不开其逐步完善、日益壮大的营销体系。在 30 年的实践中，这一营销体系从头至尾，成长成熟，三大品牌大众、奥迪、捷达各具特色，既内化为一汽大众扎实精细的品质追求，更以务实、灵活、创新的营销理念引领企业扬鞭蹈厉，发奋前行。

务实：用户至上，相生共赢

近年来，一汽 - 大众经管会提出第二次创业，明确"一个中心、六个支撑点"的企业经营思想，即"以用户满意为中心"是企业唯一中心，"打造中国最佳的营销网络"是企业六大支撑点之一，充分体现企业长期稳步扎实推进的以人为本、以用户为核心的营销理念正在向更高的时代目标迈进。2018 年 7 月 30 日，为弥补一汽 - 大众旗下没有 SUV 产品的品牌空白、满足用户的多元化需求，一汽 - 大众发布首款大众 SUV 车型探歌，共 8 款车型，以外形、个性化及运动感作为核心诉求，紧凑型 SUV 瞄准年轻消费者群体，一改大众品牌的往日样貌与寻常姿态。窥其本质，大众探歌以新生代车型亮相，品质优异，品牌力强势，体验感卓越——物质与心理均获满足！携 SUV 之热捧及大众品牌之超高美誉，探歌这款一汽 - 大众的开山之作，在一拨即转之后，乘利席胜，得以从众多 SUV 品牌中异军突起，倏然杀出，销量持续攀升。以此为基点，一汽 - 大众又接二连三陆续发布探岳、新款 CC 等乘用车新品，再获各方赞誉。围绕践行这一厚积薄发、客户为重的营销理念，一汽 - 大众在转型变革中不舍原有生态，发力转向，稳步前行。

一汽 - 大众采用分销体制，将整车厂和经销商同心合志，协而聚力。首先，强化整车厂和经销商相生共赢、共谋发展的关系。在发展初期，就一汽 - 大众而论，销量即为 STD 数（经销商采购数量），将库存转移至经销商，业绩立显。但一汽 - 大众却没有为追求业绩目标而加重经销商的压力。其次，生产与销售要取得高度一致的协调平衡，才有利于企业的高效运行与健康发展，这离不开厂、商的协同合力，以形成供需共识。2016 年，一汽 - 大众开启了"赢销工程"项目，经销商将自身销售盈亏、经营优劣、车型表现、团队能力和绩效波动等加以量化，由培训部给予指导，补偏救弊，研判市场，趋利避害，备案应对，提升业绩。本部—区域—经销商，一汽 - 大众的经销网络实施三级联协，以达到终端指标的精确控制，实现相生共赢。

未来，一汽 - 大众的营销模式将迎来更巨大的数字化转型，打造全新的营销体系，以适应产业"新四化"的要求。这场转型变革更囊括了组织变革，贴近用户、横向网联，纵向发展，各方相生共赢，务实营销理念仍将发挥主导作用。

灵活：本土化、区域化、数字化

自从中国入世后，汽车产业进入快速发展通道。如今，中国汽车产业已成为全球性产业，各种国际豪华品牌无一不在中国布局，并将中国视为极重要的市场。对于奥迪来说，更是如此：中国占据其最大的市场份额，在营销上着力明显，奥迪的本土化升级堪称突出一例。

1999 年秋下线的奥迪 A6（C5）开创了一汽 - 大众豪华轿车高标准的先河。相比于全球版，中国版 A6 的轴距加长了 90 毫米，整车长度也增加了约 100 毫米，达到了 4 886 毫米。通过奥迪 A6"加长之争"，一汽与奥迪也加深了相互了解，为双方以后的谈判建立了良好的基础。之后推出的 A6L、A4L 等车型，相对于全球版车型都有加长。同时，更多奥迪新车型加入了专门为中国市场开发的配置，比如四驱空调系统、宽大座椅，负离子发生器等。大量设备不见诸欧洲版的车型中，唯在中国车型中才能寻得。灵活适应的营销思想立足国情，汇集了奥迪巨大的资源投入。最终，奥迪 A6（C5）的市场表现强劲：截至 2004 年退市，五年多时间内共销出 20 多万辆，获得了空前的市场成功。

如今，在豪华车市场，除了超一流的品牌外，一线品牌的核心竞争仍聚焦于 ABB，即奥迪、奔驰与宝马，已呈三足鼎立之势。然而，豪华车品牌竞争也逐渐产生分化，在"北上广深"等一线城市，尤为明显。近几年，随着消费升级，一线城市消费者对豪华车的品牌认知大为改变，奥迪车主在升级用车时，更多考虑更换如保时捷等其他高端品牌，很少考虑本品牌的车型升级。这一现象在非一线城市并不明显。这恰恰体现了奥迪在一线城市的品牌认知度与影响力不足。一汽 - 大众奥迪的品牌营销策略也随之变化，灵活理念再度收效：聚焦于一线城市，提升核心品牌力，推出 R8、Q8、A8 等组合，并增强其核心技术内涵。比如，奥迪强化其在冰雪路面弯道上的绝佳性能，用广为人知的壁虎标志代表奥迪的核心四驱技术 Quattro，彰显奥迪在冰雪中急速驱动、稳定驾驶的表现，伴随冬奥会的足音跫然，奥迪也将与冬奥有更多携手良机。

一汽 - 大众奥迪还会根据不同城市或地区消费者的需求能力，建立与之相匹配的 4S 店。未来，将在一、二线城市进一步布局，并在三、四线城市，针对空白销售服务区实施全覆盖。在务实营销理念主要围绕原有传统营销旧战略的同时，灵活营销理念则聚焦快速渠道新战略（新旧两套战略），逐步变革原有营销体系，实行数字化转型，构建"生态平台管理系统"。通过车联网、云计算、大数据等科技手段，实现"车、路、店、厂"的高度协同。未来，4S 店改头换面成为智慧门店，不仅是汽车销售、售后的场所，更成为车主体验、休憩的生态中心——在步入 4S 店前，早已洞悉产品。奥迪灵活机动的数字化理念正在弱化营销背书，强调"生态平台"概念，正应了奥迪"突破科技、启迪未来"的宣传语。

奥迪品牌绝佳践行了一汽 - 大众灵活的营销理念，本土特色化的"加长"转变、区域性营销策略的调整、新旧"两套战略"的灵活运用等措施，使得营销体系面临不同情境时能灵活调整，遇到复杂问题时能迅速攻关，应对市场变化时能临危不乱。这种敏捷的灵活适应能力，为一汽 - 大众的营销体系注入了强劲的生命力。

创新：探索"红海蓝湾"

2019 年可谓是捷达品牌元年。上市发售伊始，即一炮而红，市场反响热烈。可唯有当事人才知其中滋味，跌宕似梦，起伏如幻，原因还要追溯到前一年。2018 年，市场骤然委顿，陷入低迷，对于中国乃至全球汽车产业不啻为一次重击。业内车企库存高企，增速由正转负，于生存底线竭力挣扎。市场变幻，令专业人士都茫然无措。捷达品牌即在这样的恶劣环境中诞生。2019 年 2 月 26 日，捷达作为一汽 - 大众第三品牌在德国大众总部沃尔夫斯堡发布。3 月 22 日，400多家媒体齐聚成都，3 款全新车型首发亮相，随后 4 月下旬旋即登台上海国际 A 级车展。然而，收效甚微，不为市场看好，从签约经销商数量锐减。面对如此挑战，若要复制大众、奥迪的成功模式几无可能，其营销模式的特殊性难为仿效。2019 年，捷达品牌在逆境中求生图存，为了寻求突破，必须走出一条前所未有的创新之路。

捷达旨在树立入门型合资品牌的新典范，其品牌定位是其成功的核心因素之一，致力于成为满足年轻用户需求的纯正德系品牌，并以"承非凡，启新境"为品牌口号，基于大众传统的造车工艺，塑造独立的品牌定位。在捷达品牌诞生前，入门型汽车市场的自主品牌仍处于探索阶段。合资品牌仅有局部阶段性下探，捷达深挖并攫取这一细分市场，命名为"红海蓝湾"，创新推出两款新型 SUV。捷达 VS5 造型时尚，目标定位于"十万元级高品质德系 SUV"，指向"自信乐观、稳中求进、理性务实的精享族"。同时，通过大数据分析，半年内垂直媒体网站上浏览此价位 SUV 的人群数量约为 1 800 万，意味着存在大量潜在客户，这种潜在需求与购车意向也被捷达加以清晰捕捉、深入识别。眼前一片蓝湾，创新的风帆正蓄然升起。

对此，捷达紧紧围绕客户，展开了一系列营销创新。捷达品牌迅速响应，确立预售策略——强化德系基因，突出价值引导，注重客户体验，部署有组织、有节奏的立体预售订单战役。订单战役期间，捷达品牌高效联动，全员集思广益，深入谋划，创新推出"达人享出众"首批车主五重礼，助力终端收割订单，力促经销商践履不辍，以多轮走访结合数据监控，及时精准发掘问题并予以改进，联动总部、区域、经销商，共取预售之势。最终在订单战役中斩获 13 444 张订单，奠定了订单拉动模式的持久销售基础。捷达不断升级优化营销策略，使之与市场更加契合，通过不断采集数据解析营销行为，形成客户洞察与业务应用的双闭环，持续迭代之下，精准定位，及时切入，以极低成本推进，将创新营销发挥到极致。

在渠道策略上捷达也锐意革新，开创行业先河。面对 2019 年初意向经销商大面积退出的困境，捷达决定从细节入手，从 5 月起，策划了全国 6 个中心的城市路演。具体通过两方面的渠道策略，推进营销的创新与变革。一方面，在渠道管理和支持策略上，捷达设计并推出了极其简洁的商务政策，引导经销商，摆脱绩效考核的捆绑，避免内耗博弈，释放销售活力，正向拉动营销，赢得终端客户的认可。另一方面，在捷达品牌渠道发展上，秉承"三精"的核心策略，即"精英投资人——优先选择一汽 - 大众投资人""精准布局——高城市覆盖率，提供用户触手可及的终端体验""精益展厅——年轻化、数字化的体验中心"，因地制宜，采取轻量化投资，降低投资门槛，通过创新迭代，提升产品的内在价值，收获客户的极高满意度。

捷达品牌笃实践行了一汽 - 大众的创新营销理念，创造性开拓的"红海蓝湾"、双闭环的新型营销理念、敢为人先的渠道策略等诸多措施，颠覆了人们对传统营销的刻板印象，为匠心独运的初创品牌注入了无限的年轻活力。

围绕营销战略，动态因应万变

一汽 - 大众经过近 30 年的风雨、沉淀，行至今日在国内市场销量遥遥领先，形成了具有自身特色的营销战略，并采取了一系列围绕营销战略的切实举措。

一汽 - 大众建立了有效的经营管理体系，开始贯彻执行十六字方针中"市场导向"，营销从"推动式"向"拉动式"转变。1997 年，一汽 - 大众销售有限责任公司正式成立，具有里程碑意义。此前，由于缺乏成型的现代化营销管理体系，汽车销售停留在贸易"卖车"的阶段。2000 年，"市场导向"方针显现成效，一汽 - 大众销量首次突破 10 万辆大关。成功背后的关键因素之一，在于营销结构发展过程中不同观点的互动，对中国客户需求和市场的了解，以及成熟的销售和售后服务流程，一汽 - 大众至今仍从中受益。

一汽 - 大众正式开展了双品牌战略。1999 年，成立奥迪销售部，并引进 4S 店模式，引领汽车营销前沿。一汽 - 大众 1999 年投产奥迪 C5（奥迪 A6）项目，到 2005 年 4 月换型，5 年间共销售 20 多万辆，获得巨大的市场成功。2003 年，更是推出了奥迪 A4 和奥迪 A6 行政版，深受市场喜爱。2003 年全国轿车市场销量比上年增长 67.0%；乘用车市场同比增长 70.5%，而一汽 - 大众奥迪品牌同比增长量远远超过全国轿车和乘用车增长幅度，全年累积销量 61 281 辆，比 2002 年增长 75.2%。其中，奥迪 A6 全年销量达 53 108 辆，奥迪 A4 达 8 173 辆。在 2003 年的中国豪华车市场，其表现可谓是一枝独秀。2004 年 7 月起，进口奥迪车销售由一汽 - 大众奥迪销售部接管，再次拓宽了一汽 - 大众奥迪的产品序列。

一汽 - 大众进行了彻底的营销体系变革。2006 年，为实现布局百万辆的战略，亟须先进的营销理念、强有力的营销体系和精锐的营销团队去支撑。在此目标下，一汽 - 大众请来了"外援"——新加坡籍的职业经理人苏伟铭，通过大刀阔斧的变革，推动营销体系达到全新的高度。凭借敏感的市场认知，一场代号为"提速行动"的项目，在苏伟铭的推动下拉开了一汽 - 大众营销体制改革的帷幕。通过"改制"和"培训"，建立起了能够迅速应对市场变化的组织体系。之后的实践证明，若没有在 2006 年完成的流程、变革，营销体系无法支撑在市场爆发时的庞大需求。这种组织结构的功能和作用，与互联网新经济的"去中心化"十分类似：身在市场第一线、极速缩短决策时间、创造利益最大化。

第二编
厚植创变

一汽 - 大众开启了面向未来的发展计划，提出构建支撑百万辆销售的体系能力和营销渠道，将工作重点放在全面提升销售公司体系能力、重点加强专业基础能力建设和营销渠道建设上。2009 年，随着主要竞争对手奔驰、宝马在国内市场的发力，市场竞争进入了白热化阶段。一汽 - 大众年销量不足 50 万辆，为进一步扩大市场份额，构建支撑百万辆销售的体系能力、建设行业领先的终端销售渠道，提出了"两大计划"——"经销商合作发展计划"和"销售公司体系能力提升计划"，不仅要保证高质量的销售，还要促进经销商的可持续发展。2012 年底，支撑百万辆的营销渠道建设目标已基本完成，一汽 - 大众实现百万辆的梦想。2016 年，汽车市场出现了转向存量市场的趋势，若不紧抓过程管理、把握宝贵的集客资源，经销商的销量和盈利都将是生死攸关的问题。于是，一汽 - 大众销售有限责任公司网络培训部启动了"赢销工程"项目，由培训师自主打造出一套经销商终端解决方案，对经销商销售过程进行精益化管理，减少销售漏斗上的管理漏洞，提高集客的成交转化率。

一汽 - 大众开启了"2025 战略"，从追求规模的增长转为高质量的发展，一些重要战略举措都与营销有关：①在原有大众、奥迪两大品牌基础上，推出第三品牌；②极大扩充产品线，并大力发展新能源汽车，持续扩大市场份额；③保持大众、奥迪品牌力第一，保持所有品牌用户满意度达到第一，并成为上下游伙伴、创新和新业务伙伴的首选品牌。在"2025 战略"的指导下，尽管 2019 年的汽车市场充满压力与挑战，一汽 - 大众仍以 204.6 万辆的数字勇夺 2019 乘用车销量冠军，占乘用车全部销量的 9.5%，并于 2019 年 10 月，从销量与市场占有率上完成了对上汽大众的赶超。

一汽 - 大众积极思考求变，面对新生代消费群体，推出与时俱进的营销举措。2018 年，官方电商平台上线，以消费者需求和体验为导向，为用户打造更简单的汽车生活。2019 年，一汽 - 大众建立了大众品牌广州数字化品牌零售中心，高度运用互联网思维、数字化技术，打造线上线下全新零售模式，以用户思维驱动消费者体验升级。

在构建营销体系时，一汽 - 大众不仅将经典 4Ps 营销理论进行了极佳运用与实践，还全方面贯彻了动态能力思维，可将其形象总结为营销战略的"赛车模型"。

4Ps 理论起源于 20 世纪 60 年代前后的美国。1953 年，尼尔·博登（Neil Borden）提出了市场营销组合理论，营销组合其中包含了诸多的营销要素[1]，1960 年杰罗姆·麦卡锡（McCarthy）将这些要素概括为：产品（product）、价格（price）、渠道（place）、促销（promotion）四类，综合形成企业的营销战略（strategy），称之为 4Ps 理论[2]，1967 年，菲利普·科特勒（Philip Kotler）对 4Ps 理论进一步地讨论与肯定[3]。影响营销的因素有很多，4Ps 理论主要将人为可控的因素进行了分类概括：产品战略包括了有形的产品和无形的服务等方面；定价战略包括了价格的制定和变动等方面；渠道战略包括了分销渠道的建设和管理等方面；宣传（促销）战略包括了促销、广告和公关等方面。4Ps 理论自提出以来在各行业的众多企业中得到了广泛的应用，一汽 - 大众也对其进行了深刻的理解和实践。

动态能力相关理论的研究要追溯至 20 世纪 80 年代，当时的战略管理领域以波特的竞争战略（competitive strategy）和资源基础观（resource-based view，RBV）为代表，认为异质性资源是企业进行

① Borden, N.（1953）. Marketing mix. Retrieved July 15, 2011.

② McCarthy, E. J.（1960）. Basic marketing：a managerial approach. Homewood，IL：Richard D. Irwin. Inc*., 1979 McCarthyBasic Marketing：A Managerial Approach，1979.*

③ Kotler, P.（1967）. Marketing Management：Analysis，Forecasting，and Control.

差异化竞争并取得可持续的竞争优势的重要原因，逐渐形成了核心能力的理论流派。但面对着日益加速的动态市场，企业所处的市场环境瞬息万变，原有的企业核心能力的假设已无法解释企业取得并保持竞争优势的原因。于是，1997 年 Teece 等人提出了动态能力（dynamic capabilities）的概念，认为当市场快速变化、技术不停迭代、竞争愈加激烈时，以往的战略观已不再适用，企业需要有适应、整合及重新配置内外部的资源的能力，这种能力是弹性的，并且使企业能够创新并保持竞争优势以适应市场环境的变化，这种能力被称为"动态能力"[①]。中国汽车产业从无到有，发展至全球最大的汽车市场，变化极为迅速，一汽 - 大众营销在 30 年间确立了行业领先的优势，离不开对动态能力的绝佳应用。

一汽 - 大众的营销战略可归纳为，基于 4Ps 营销理论与动态能力的赛车模型。如图 2-6 所示，该模型由一汽 - 大众的营销战略（S）构成赛车的主体，赛车主体由四条轮胎所驱动，每条轮胎代表 4P 中的一种营销因素，分别为产品（P1）、价格（P2）、渠道（P3）、宣传（P4），而赛车由两种动态能力驾驭驱驰，分别是转向力（T）与加速力（A）。转向力是路径突破式探索性动态能力，与路径突破式探索性学习、激进式创新密切相关，在探索中从 0 ~ 1（无中生有）构建常规能力；加速力是路径依赖式改良性动态能力，与路径依

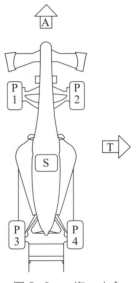

图 2-6 一汽 - 大众营销战略的赛车模型

① Teece D J, Pisano, G, Shuen A. Dynamic Capabilities and Strategic Management[J]. Strategic Management Journal，1997，18(7)：509-533.

赖式改良性学习、渐进式创新密切相关，从 1 ～ 100（精益求精）提升常规能力。该赛车代表了一汽 - 大众的营销战略，由基本的 4P 营销组成，并根据转向力、加速力两种能力对整体进行动态调适。

　　一汽 - 大众产品的动态调适是典型地从无到有、从有到精的过程，形成了如今丰富的产品矩阵。从成立初期的第一款捷达，到引进豪华车第二品牌奥迪，再到标志着轿车进入家庭的"驾驶者之车"宝来的下线，从捷达到奥迪 C5 再到宝来，这 3 款车支撑起了创业期和成长期的一汽 - 大众。正是这种突破式、探索性的转向力，令一汽 - 大众的产品特色贴近了消费者的需求，创造性地开发了中国初期的市场。成熟期的一汽 - 大众更加注重"市场导向"的方针，充分探索了中国市场的需求与蓝海，推出了一系列广受欢迎的产品。A4L、A6L 的特色加长满足了中国人对豪华车舒适享受的畅想；2018 年起探歌、探岳等探字头 SUV 的陆续发布，补足了一汽 - 大众没有 SUV 产品的短板；奥迪 A8、Q8、R8 的组合撑起了顶级豪华产品的门面；MEB 平台（电动车模块化平台）和全新电子架构的开发、不断推出的多款电动车拓展了一汽 - 大众的电动车产品序列。这种渐进式、改良性的加速力，使一汽 - 大众面对不断变化的市场需求，逐渐补充多样化的产品并打造精品产品，与转向力共同构成了完美的产品营销战略。

　　一汽 - 大众的价格战略以汽车金融和捷达品牌为例，充分体现了转向力与加速力对价格营销的动态助力。2007 年，一汽 - 大众销售有限责任公司通过大众品牌经销商向终端客户推出了"399"车贷购车方案以及"1 元车险"新车保险方案，这是国内首次将汽车金融作为营销卖点。国内汽车金融起步较晚，一汽 - 大众的汽车金融方案降低了购车门槛，让消费者实实在在地感受到了实惠的支付方式，通过首付按揭降低了时间成本，提前享受了高品质汽车的产品与服务。这种转向力开创性地挖掘了市场潜力，为一汽－大众释放了巨大的市场销量。捷达品牌的诞生正是看到了经济型合资车品牌的"红海蓝湾"，借助捷达品牌德系血统、高品质的口碑，进行了新品牌的产品定价，这种定价在竞品中是极具竞争力的，在已有的市场中迅速占据了一席之地。这种加速力使一汽－大众面对变化的环境能够轻松实现快速超车，与转向力相互配合可以做到迅速调适，在价格竞争中立于不败之地。

2009 年，一汽－大众提出的"两大计划"——"经销商合作发展计划"和"销售公司体系能力提升计划"，是对渠道营销战略转向力与加速力应用的最佳样例。首先，一汽－大众决定在 3 年内取消全部非授权二级经销商，当时各类非授权二级经销商多达 2000 多个，对销量有着极为重要的支撑作用，这件事在行业内引起了巨大的轰动，受到了极大的压力，这种举措是前所未有的，直到后期的实践验证了这一明智的选择。这种需要极大决心与毅力的渠道改革，是一汽－大众转向力的体现。其次，"两大计划"提出了如下要求：第一是渠道必须盈利，在建立盈利模型的基础上进行渠道规划；第二是渠道要和当期市场需求与未来市场期望相匹配；第三是要科学确定投资人，既鼓励有能力的战略投资人投资建设更多的 4S 店，同时也支持优秀的中小投资人合理规划发展，合理授权建立规范的二级网点。这种持续型的改善，是一汽－大众对高质量销售和高质量网络发展的追求，是加速力的体现。在两种动态能力影响下的渠道营销战略，实现了一汽－大众高质量的销售，同时也保证了高质量的经销商持续发展。

一汽－大众宣传营销战略的转向力在奥运营销中得到了实践。2008 年北京奥运会作为中华人民共和国成立至今的盛事，受到了全国乃至全世界的瞩目，大众中国被选为北京奥运会唯一的汽车合作伙伴。奥运会期间，一汽 - 大众共有 510 辆护航车和 1 486 辆官方用车投入奥运中。147 名一汽 - 大众火炬手，行程 4 万公里，在 113 个城市参加火炬传递，将奥运的火种播撒到中国的每一个角落。8 月 8 日奥运会开幕后，一汽 - 大众的奥运款待项目共接待人员 1 790 人次，使用客房 2 673 间，分配票务 6 000 余张。约 1 万人参加了公司的内部激励项目，100 人组成的奥运款待团队，500 个日日夜夜的精心筹备，历时 456 小时为 2 000 名嘉宾提供了周到细致的服务。作为百年难得一遇的机会，奥运会为一汽 - 大众提供了前所未有的展示舞台，不仅为市场宣传提供了绝佳的机会，还在国内外的观众心中留下了不可磨灭的印象、良好的口碑。一汽 - 大众宣传营销战略的加速力在捷达车型上获得了证明。进入中国 28 年来，从 1991 年在长春驶下生产线，到 2019 年成都生产了最后一辆，捷达已经累计生产 4 418 287 辆，被誉为车坛"常青树"。1993 年，有"天下第一村"之称的华西村一次性订购 250 辆捷达，让华西村成为"捷达村"，不仅在团购史上写下浓墨重彩的一笔，更是为捷达车打了个绝佳的广告；1993 年到 2005年 12 年间，珠海市民谭发前后购买了 10 辆捷达轿车，其家族总共拥有捷达 25 辆，这是中国汽车品牌中绝无仅有的，成为名副其实的"捷达之家"；1996 年的珠海国际汽车赛上，22 名中国车手驾驶 22 辆捷达轿车参赛，取得了优异成绩，并在随后的汽车大赛上屡获佳绩；同年，珠海一名叫苏耀洪的出租车司机驾驶的捷达出租车创造了"60万公里无大修"的纪录，成功地塑造了捷达轿车"坚固耐用、经济、安全"的品牌形象；2004 年 9 月，捷达 SDI 柴油车，在新疆完成"一箱油穿越千里无人区"挑战活动，仅凭一箱油（55 升）行驶了 1 952公里的沙漠路程。针对捷达这一款车型，跨越数年持续的宣传营销将捷达的优秀品质深深刻画在了消费者的内心，高市场保有量、低维修成本、低油耗成就了捷达在中国的辉煌传奇。突破性和渐进性相结合，令一汽 - 大众的宣传营销战略在汽车市场中独树一帜、常绿长青。

一汽 - 大众基于赛车模型的营销战略，因为对 4Ps 理论的应用，具有优异的稳定性，并且面对激烈变化的市场环境，拥有动态应变、调适的转向力与加速力，二者无间的配合，使得"赛车"兼具稳定的运行、灵活的操控与威猛的性能，这种架构保证了一汽 - 大众在任何"赛道"上的绝佳表现。

2018 年，中国汽车行业首次出现负增长，看向未来，汽车销售市场的低迷将持续，前几年的红利将不复存在，国内造车新势力的挑战以及外资车企的冲击使得汽车市场充满变数，增速变缓将是常态。与此同时，汽车金融、汽车后市场也将在汽车产业链条中占据越来越重要的位置，消费形态也将中心逐渐向体验消费转移，意味着传统的营销模式面临着变革；中国汽车的消费重心从最早的豪华型向经济适用型逐渐转变，年轻化与个性化将是消费者的最大关注点，这也是一汽 - 大众将捷达品牌独立的重要原因。对一汽 - 大众的营销体系来说，转型变革迫在眉睫，同时在转型的过程中也面临着企业文化的协同、营销人才的匮乏、团队的执行力、与渠道经销商的关系促进、市场的开拓、营销思维的转变等一系列问题。未来，一汽 - 大众将如何应对这些挑战？

一汽 - 大众面临着这些问题，能否成功破局仍聚焦于"创变"二字之上，积极创新，主动求变，以创新和变革引领营销的高质量发展。首先，一汽 - 大众将继续贯彻"市场导向"的方针，以客户为中心，满足消费者的多元化需求，从产品战略的创新着手，加强产品的研发能力，提升客户的服务体验。一汽 - 大众不仅建成了亚洲最大的汽车试验场、行业内顶尖的智能网联汽车模拟仿真研发中心，还投资建设了新技术开发中心，致力于为客户提供现先进、安全、稳定、可靠的多样化产品。同时，面对着汽车产业重构的格局，一汽 - 大众在新能源、智能网联、共享出行汽车领域也做了积极的布局。佛山的MEB 工厂已完成升级改造，能够为一汽 - 大众提供每年约 60 万辆电动车；一汽 - 大众也将在新能源传统车型、奥迪 e-tron 系列之上继续推出更多的新能源产品，进一步拓展新能源汽车的产品矩阵；摩斯智联作为一汽 - 大众旗下的智能网联科技公司，将在汽车电子技术领域进行深度布局，为一汽 - 大众提供 V2X、数字化的技术服务，满足新一代车主的数字化升级需求；摩捷出行作为一汽 - 大众的出行服务公司，目前车辆的运营数目已超过 5 000 辆，为探索全新的服务模式、深耕出行领域、创造并拓展全新的行业界限、服务客户的"最后一公里"。

2020 年，新冠肺炎疫情加速了产业重构与数字化转型的需求，推进了产业互联网的深入垂直。全新的数字化平台将应用在一汽 - 大众的营销领域，不仅能在内部打破孤岛效应，加强各体系间的联系，提高销售前后的效率和质量，还能对外加强营销触点、打通垂直服务，增强营销水平和业绩。通过更广泛、更深入的数字化服务，能使客户从触点到进店、从购车到售后，体验到一致的高品质服务，在提高营销效率的同时，提升客户的服务体验。

在疫情冲击市场的严峻形势下，一汽 - 大众依旧以 2 161 888 辆的终端销量，强势摘得了 2020 年乘用车市场销量冠军。30 年发展历程，弹指一挥间，一汽 - 大众以大众、奥迪、捷达等系列品牌，悉心构建了全等级的产品矩阵，品牌价值与知名度皆独占鳌头，名列前茅，在中国汽车发展史上留下了浓墨重彩的篇章，获得了消费者交口称赞的良好口碑。一汽 - 大众营销体系的日臻成熟，在经销商管理方面尽显无遗。管理的科学系统与人性化激励并重，通过集约力与协同力，营销体系管理的科学性与人性化迸发、释放出巨大势能，实现了近年来终端销量的持续领跑。在数字化营销方面，一汽-大众通过技术创变和数字化能力，为营销体系赋予了新内涵、新动能、新起点。展望未来，挑战与机遇并存，一汽-大众营销体系将继续充分利用自身一流高端、传统合资车企的巨大优势，后发先至，创变启新，顺应"新四化"发展潮流，开拓属于一汽-大众多姿多彩、璀璨绚烂的营销新时代。

历经 30 年的发展，一汽-大众已成为中国最成功的合资企业之一。它所取得的成功不仅仅是商业上的成功，更是顺应时代、社会经济发展，与国家崛起、民族复兴同频共振、与德方合作相协共赢的成功。一汽-大众是我国改革开放后首个按规模经济起步建设的现代化乘用车企业，可以被称作中国合资汽车企业的"试验田"。它不仅推动了零部件国产化率、装备制造水平和行业质量意识的提升，还培养、输出了大量优秀汽车人才，提升了中国整体汽车工业水平。

30 年间，一汽-大众在生产、研发、采购、质保、人力、营销六大领域齐头并进，凝聚起了支撑企业可持续发展的强大体系实力。而这六大体系的完善，夯实了一汽-大众长远发展的基础，提升了企业综合竞争力、体系力、协同力，也为其攀登企业发展的新高峰奠定了坚实的基础。尽管跋涉重重险阻、饱经无数风雨，六大体系仍推动着一汽-大众砥砺前行，走向今日的辉煌，创造了来之不易的局面。应当说，一汽-大众响应了时代的呼唤，也践行了伟大的使命。

附录 1：2018 年国内主要大型车企竞争格局

2018年1—11月汽车行业市场销量占比情况

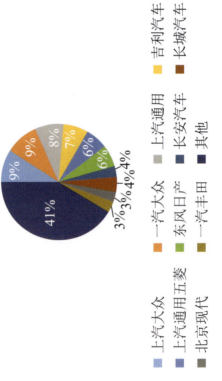

■ 上汽大众	■ 一汽大众	■ 上汽通用	■ 吉利汽车
■ 上汽通用五菱	■ 东风日产	■ 长安汽车	■ 长城汽车
■ 北京现代	■ 一汽丰田	■ 其他	

数据来源：中国产业信息网 http://www.chyxx.com/industry/201906/747816.html

附录 2：一汽-大众国内产能布局示意图

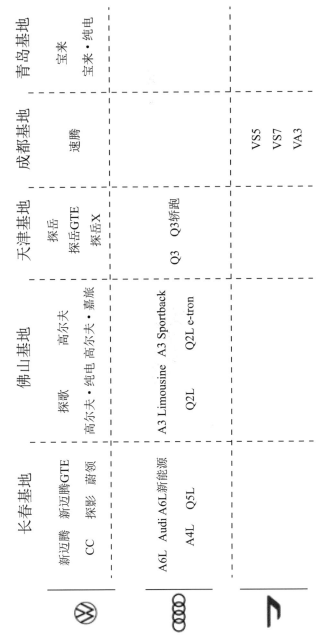

	长春基地	佛山基地	天津基地	成都基地	青岛基地
⊕	新迈腾 新迈腾GTE CC 探影 蔚领	探歌 高尔夫 高尔夫·纯电 高尔夫·嘉旅	探岳 探岳GTE 探岳X	速腾	宝来 宝来·纯电
Audi	A6L Audi A6L新能源 A4L Q5L	A3 Limousine A3 Sportback Q2L Q2L e-tron	Q3 Q3轿跑		
↗				VS5 VS7 VA3	

数据来源：一汽-大众汽车有限公司

附录 3：生产管理部五年战略

生产管理部五年战略			
愿景 Vision	卓越的客户到客户的汽车智慧物流供应链 Excellent Customer-to-customer Supply Chain Logistics，outstanding in the Chinese automotive industry		
使命 Mission	做供应链运作的领导者 满足客户需求的精准交付的实践者 | 最优的供应链物流成本的提供者 Leading the Supply Chain | Guarantee precision delivery to meet customer demands | Ensure highest cost efficiency & sustainability		
模块 Module	A.智慧的物流设计 Smart & Lean Logistics Design（future driven）	B.高效的客户响应 Efficient Customer Response （quick adaption to market changes and customer needs）	C.平准的生产组织 Stabilized&Leveled Production Organization 95% TS/PKG	D.精准的物流管控 Accurate Logistics Control
理念基石 Faith	X.杰出的体系能力 Strong System Ability	基于标准化的数字化 Digitization Based on Standardization		
生产管理部 Logistics	精准Accurate 低成本Cost Efficiency	单元化Unit	透明Transparent	秩序Orderly 灵活性Agile

数据来源：一汽-大众汽车有限公司

第二编
厚植创变

参考文献

[1] 焦捷，郭佳，段沛东，张明，李志宏.中国工商管理案例库 [J]. 一汽 - 大众：锻造全价值链采购体系，2020 年 12 月.

[2] 焦捷，赵子倩，董美辰，张紫微，窦恒言，高大伟，李志宏.中国工商管理案例库 [J]. 一汽 - 大众：谋定而后动？汽车制造 2025，2020 年 12 月.

[3] 焦捷，郭佳，苗硕，马紫君，于东海，李志宏.中国工商管理案例库 [J]. 一汽 - 大众：研发基因，从"传承"到"创变"，2020 年 12 月.

[4] 焦捷，徐海鹏，郭佳，余俊，赵英如，孙惠斌，李志宏.中国工商管理案例库 [J]. 一汽 - 大众营销体系——以人为本，重塑未来，2020 年 12 月.

[5] 焦捷，赵子倩，高远深，朱彬海，张铁斌，李志宏.中国工商管理案例库 [J]. 一汽 - 大众：质量战略与品牌价值，2020 年 12 月.

[6] 王琳.一汽 - 大众生产管理体系 KVP-Kaskade 研究与应用 [D].，天津大学.

[7] 邱国栋，董姝妍.从组织记忆到组织遗忘：基于"抛弃政策"的战略变革研究——以长春一汽发展历程为案例 [J]. 中国软科学，2016（09）：168-179.

[8] 巨量引擎——汽车数据策略研究院，中国汽车流通协会.2019 中国汽车消费趋势报告 [R/OL]. http://www.199it.com/archives/969199.html，2019-11-21.

[9] Borden, Neil H. "The Concept of the Marketing Mix." *Journal of Advertising Research*，vol. 24, no. 4, Sept. 1984，pp. 7-12.

[10] McCarthy, E. J. *Basic Marketing, a Marginal Approach.* R.D. Irwin, 1960.

[11] Kotler，Philip. Marketing Management: Analysis, Planning and Control. Prentice-Hall, Inc, 1967.

[12] Teece, D. J., G. Pisano, and A. Shuen. "Dynamic Capabilities and Strategic Management." *Strategic Management Journal*, vol. 18, no. 7, 1997，pp. 509-534.

第三编

创变制胜

求变方能成功

——汽车发展史即是动态竞争史

汽车是现代工业文明的重要标志，没有哪种工业制品能像汽车这样融合冶金、电子、化工等制造业的方方面面，也没有哪些产品能像汽车产品这样包含上万个零件，同时还要尽可能保持高可靠性、低维护成本以及 10 年以上的使用寿命。毫不夸张地说，汽车工业就是一个国家工业实力的标杆，对国民经济发展乃至国家命运有着重要意义。同时，作为百余年人类第二、第三次工业革命的结晶，汽车工业至今仍在不断进化和发展。知者随事而制，明者因时而变。纵观整个汽车发展史，新的机遇和挑战层出不穷，只有敏锐、果敢的弄潮儿才能及时发现市场风向，抓住机遇，引领时代潮流。

第二次工业革命的风在 19 世纪的欧美刮起，内燃机的创制与大工厂的确立使人类的整体生产力迈上新台阶。1885 年，德国工程师卡尔·本茨组制起第一辆现代意义上的汽车，为此后百余年的汽车产品搭建起基本框架。另外，大工厂制的建立使生活与工作场所进一步剥离，拉长了通勤距离；而愈发完善的城市道路设施也使得汽车的行驶成为可能，汽车需求正在逐渐形成。遗憾的是，在 20 世纪初，需费时费力进行纯手工打造的汽车还只是富人的玩具，开着昂贵的罗尔斯·罗伊斯招摇过市成为一时风尚。

对大众化汽车的需求在急剧上升，谁能准确研判出市场需求，谁就能在未来的竞争中抢得先机。1908 年，福特为底特律带来了流水线式生产装配系统，彻底改变了汽车生产的范式。流水线将汽车组装工序进行了精细化的拆分，依照工序的先后顺序将其分配到一条生产线的不同位置，每个位置的高度专业化实现了极高的生产效率，不仅将汽车生产的时间缩短到原来的 1/9，更是将每辆福特 T 型车的价格压缩到不到 900 美元，汽车由此"飞入寻常百姓家"。1915 年，福特以一己之力占去美国汽车年总产量的 70%，正是因为其流水线生产准确抓住了汽车平民化的市场诉求，汽车工业的大舞台因此在美国揭幕，因福特而闪耀。

然而，汽车市场千变万化，没有谁能保持永恒的胜利，20 世纪 20 年代中后期，通用汽车就以创新性的多品牌战略和管理模式赢得了市场。在 20 世纪的第一个 10 年，通用汽车总裁杜兰特以收购、并购为主要扩张方式，吸纳了包括凯迪拉克、别克、雪佛兰等多个汽车公司及零部件供应商，将消费者群体细分，实行多品牌战略与行业垂直整合，取得了不错的成绩。然而，随着 20 世纪 20 年代经济衰退期的到来，通用前期过于激进的收购和粗放的管理模式使得公司遇到了短期资金链困难，高层于是撤换杜兰特，请来阿尔弗雷德·斯隆掌舵。斯隆继承并进一步发展了杜兰特的多品牌战略，亲自走访销售代理、了解市场需求，在价格上进一步分流消费者，并首创以旧换新、分期付款等销售方式。而在组织架构上，斯隆用品牌事业部门替换掉分工部门，不仅避免了总部大包大揽的集中式管理所带来的混乱，更提升了"人"的价值，激发起员工对于建设本品牌的热情和创造性。

在精准的品牌策略、营销策略以及更高效的管理模式下，通用汽车在20世纪30年代初一举拿下全美超过40%的市场份额，成为当之无愧的第一车企。与此同时，克莱斯勒公司也通过多品牌战略，普利茅斯提供低价位汽车，道奇提供中等价位汽车，克莱斯勒提供高价位汽车，为购买者提供不同价位的选择，取得了巨大的市场成功，并超越福特成为全美第二大车企。

第二次世界大战后，军用技术的发展催生了更优良的发动机与更先进的整车技术，而战后繁荣则使得美国经济迅速增长，加上低廉的石油价格，汽车产销再次迎来大爆发。在出行需求得到基本满足后，美国消费者开始追求更大排量、更豪华、更新颖的车型。大马力、高油耗、便宜的"肌肉车"一时风头无两，引擎强劲的车型一辆接一辆开下流水线，汽车几乎成了普通家庭的标配。

这时一片废墟的欧洲还在进行着艰难的战后重建。由于经济拮据，人们偏好紧凑、低油耗的车型，德国大众看准时机，适时推出了传奇车型甲壳虫，率先实现崛起。在外部援助与内部联合的共同作用下，欧洲经济逐渐复苏，欧洲汽车工业也随之百花齐放：奔驰，宝马，保时捷，雪铁龙……当下耳熟能详的百年汽车品牌重振雄风。1966年，欧洲汽车产量首次突破千万，成为与美国比肩的第二个世界汽车重心。这一阶段，欧洲多样化的品牌推出各式各样新颖的车型，对品牌匮乏、车型单一、大排量车辆占大头的美国市场造成冲击。而先前看似不起眼的日本汽车行业在战后政府的持续帮扶与美国的慷慨技术支援下，根据自身国土面积小、汽油价格昂贵的国情，发展了以丰田为代表的紧凑低能耗车型。但丰田这家刚从造缝纫机"转行"的初创车企，并没有满足于国内市场，而是将目标对准了美国广阔而繁荣的市场。

此时，美国汽车行业还沉浸在性能与配置的狂欢中，全然不知危机近在咫尺。20世纪60年代的经济危机给美国过热的汽车市场浇了盆凉水，但车企们依然似乎没有发展经济型车辆的意图，真正使底特律走向衰落的是70年代的两次石油危机。1973年，石油出口国组织（OPEC）的成员国为了政治目的"任性"地哄抬油价，每桶成品油价格从3美元上涨到10美元。面对突然上涨的油价，美国政府不得不颁布《美国能源政策与节约法案》，给高速疾驰的美国汽车市场狠狠踩了一脚刹车。

与此同时，丰田的精益化生产模式精准把握了美国汽车市场泡沫破裂，实用主义再次受到推崇。精益化生产模式的两个核心理念是JIT（just in time）与Jidoka（自动化），以平准化、标准化与持续改善为基础，实现质量的最优化、成本与交付时间的最小化。丰田公司Corolla、City等车型追求更低的油耗、更亲民的价格，这两者共同意味着极致的性价比与市场导向。而美国三大车企在研发了20年肌肉车型后，一时间无法将产品重心转移到设计思路大相径庭的小型车辆上，本土供应商也不可能在短期内提供优质的小型车配件，只能通过降低汽车马力进行临时补救。先前的高歌猛进带来了过大的企业惯性，三大车企的高管在市场的欣欣向荣中表现得毫无危机意识。来自欧洲与日本的紧凑型车辆趁着"油老虎"车型的颓势，杀入了广阔的美国市场。从1973年到1980年，日本汽车出口量在200万的基础上不可思议地暴涨3倍，底特律从此由盛转衰。随着德系车与日系车在美国市场站稳脚跟，全球汽车行业已成三分天下的局面。

美国市场三方混战正酣，中国的改革开放却带来了汽车市场的新沃土。20世纪80年代初期，我国轿车需求愈发旺盛，但本土现代化轿车工业上制造上却几乎是一张白纸，不具备大规模量产能力，只能通过进口轿车填补空白，造成大量外汇流失。面对日益增长的汽车需求与国内落后的轿车规模化生产能力，中央深刻认识到：发展完善的汽车工业对我国工业发展意义重大。经过研究论证，中央达成共识：合资车企可以，而且必须办！

"三大三小"决策的落地，掀起了我国汽车企业的合资浪潮。上汽大众、广州标致、一汽－大众等合资车企先后落地，着手建设全国年产 30 万辆的轿车工业体系。1994 年《汽车产业发展》的提出让汽车与逐渐富裕起来的中国家庭更加紧密地联系在了一起。也正是在 20 世纪 90 年代这一私家车蓬勃发展的时期，奥迪、别克、雅阁等国外汽车品牌进入人们的视野，与此同时，吉利、奇瑞等自主品牌也开始突入乘用车下沉市场……中国汽车市场开启了 20 余年的辉煌增长。到 2017 年的产量高峰为止，中国乘用车年产销逼近 2 500 万辆，是名副其实的世界第一大消费市场。

在 30 余年的全面发展时期，中国汽车产业被高速发展的经济引擎牵引，风雨兼程，同频共振，其发展速度之快、规模之大，在世界汽车产业发展史上绝无仅有。然而，大浪也必将淘沙。在三次合资浪潮起落之后，部分车企沉浮未定，部分甚至已然倒下。反思来路，在市场井喷的背后，也有着中国特色车企发展道路的管理难题。中国以国企与外方成立合资公司作为汽车产业的主要发展方式，事实上结合了合资公司管理与国企管理这两大命题，使得企业内部管理更加复杂。例如，国企对稳定效益的追求与外资对核心技术的封锁，使得合资车企在核心技术的研发投入上遇到了较多的内生障碍。此外，从 CKD 生产过渡到高水平的国产化这一进程中，培养本土供应商、本土化产品设计等问题也是横亘在车企面前的道道难关。

如今，技术进步使产品迭代不断加速，市场也更加多样，易变（volatility）、不确定（uncertainty）、复杂（complexity）、模糊（ambiguity）（VUCA 环境）主宰着当下汽车市场。近 10 年来，电动化、智能化、共享化、网联化逐渐成为车企不得不顺应的"大势"，但即便是代表汽车二次革命的"新四化"潮流，未来也终将被新的潮流取代。对于车企来说，技术、市场、竞争格局永远在变，甚至在加速变革。恒变之下，车企该如何积极应对？也许未来的道路正暗藏于过去的历史中：面对动态变化的汽车市场，没有永久的优势，车企唯有动态跟踪环境变化，及时、敏捷地重构自身资源、能力，持续创新变革、创造新优势，才能在激烈的竞争中从容应对，立于不败之地。

风景独好 30 年，创变诠释
优异动态能力

回望中国汽车 30 年的发展历程，一汽 - 大众风景独好，始终站在产业的潮头、市场的高点。作为国内最成功的车企，一汽 - 大众坚持以技术为基础，以市场为导向，以产品和服务为核心，取得了一个又一个成就，2020 年更是逆流而上，在市场一片惨淡之中率先实现增长，稳居行业产销冠军。

然而，一汽 - 大众的成功并非靠一时的机遇或一朝一夕的努力，而是在内外部环境的不断变化之下，始终保持持续性竞争优势。1991 年，一汽 - 大众诞生之际，面对的是急剧变化的中国汽车市场。市场规模在不断扩大，但飞速发展的技术、不断涌入的竞争者、变幻莫测的国际国内形势，都给一汽 - 大众带来巨大的挑战。

面对波诡云谲、变幻莫测的汽车市场，一汽 - 大众是如何保持竞争优势，不断盈利，并立于不败之地？一汽 - 大众扎根于中国大地，中华上下五千年文明璀璨，积淀深厚，东方智慧始终蕴含在其发展脉络中。同时，一汽 - 大众又融合着中外车企最优秀的基因。想要充分解释一汽 - 大众的成功，或许还应结合西方现代管理理论与东方哲学探寻原因。

西方学者定义了现代管理学的主流理论范式。20世纪80年代初，波特为代表的学者尝试用产业结构解释企业的战略定位，但未能解释企业持续性竞争优势差异和来源。80年代末到90年代初，巴尼等人提出了资源基础理论，认为组织自身拥有的有价值的、稀缺的、不可模仿的和难以替代的（即VRIN：valuable，rare，inimitable，non-substitutable）资源与能力将为组织带来持久的竞争优势，但该理论缺少对外部环境的考量，也难以解释为什么有着巨大先发优势的行业龙头有时也会失败。直到90年代后，梯斯等学者在资源基础等理论的基础上进一步提出动态能力理论，指出组织对外部环境的感知能力（sensing ability）；抓住实现机会的能力（seizing ability）；通过强化、结合、保护，重置组织内部资源的能力（shifting ability）才是组织保证持续性竞争优势的关键。动态能力理论成功将组织特有资源优势与不断变化的外部环境结合起来，至今仍是战略管理领域的主流范式。

东方哲学也很早从军事与政事之角度对成败得失作出探讨。《孙膑兵法》中论述了战争胜败的基本规律："天时、地利、人和，三者不得，虽胜有殃。"其"天时"即指作战时的自然气候条件，"地利"即是作战的地理环境，"人和"乃人心向背。《孟子》强调"天时不如地利，地利不如人和"，借此对"天时、地利、人和"三者关系作出了更进一步的思考——三者之间，"人和"是最重要的因素，人心向背、内部团结比时运和地理条件更重要。纵观中国古典哲学思想，可见"天时""地利""人和"是中国众多哲学家与战略家所一致得出的制胜之道。

而今结合西方管理理论，审视东方哲学对"天时""地利""人和"的思辨，不难发现西方资源基础观对组织内部特有资源的强调似与中国"天地人"理念中"地利"之概念暗合，殊途同归：都是最基础的可掌控并最容易被改变的资源；而动态能力理论中强调的"变动的外部环境"与"组织的动态能力"则似与"天时"和"人和"相对应，表明外在环境（机遇与挑战）与组织内部的团结一致、敏捷的重要。

鉴于此，我们不妨融会中西，在动态能力理论、高层梯次理论、资源基础观等西方组织管理理论的基础上，围绕动态能力的感知（sensing）、捕捉（seizing）和变替（shifting）三维度（3S 维度），汲取中国古老管理哲学中的"天地人"三要素思想，以更好地解释一汽 - 大众在 VUCA 环境下动态能力的作用机制。

"天时""地利""人和"的相互交织影响组织的竞争优势及行为。"天时"即视为企业的外部环境，主要包含消费者需求、国家政策、竞争者行为和技术变革等方面；"地利"则偏向组织内部资源的相对优劣势，大致包括品牌、产品、技术、销售等方面的常规能力或资源。"人和"则更强调组织、组织成员的主观能动性（体现在对自身资源进行整合与重置上）及背后的组织层面的因素，主要包括组织的架构、组织文化、流程、领导力及人才管理等方面。

根据动态能力的三个维度，组织在动态环境中的战略调整与转型应遵循 3S 的三步走战略：①感知辨认内外环境；②抓住机会制定转型战略；③重置企业内部资源与能力。我们认为，"天时""地利""人和"三要素恰好也蕴含在感知、捕捉、变替的三个阶段中。三要素或正面（机遇或优势）或负面（挑战或劣势），有时主动（探索创新）、有时被动（模仿学习），时而创变（探索型创新）、时而渐变（改良型创新），相互对立，又辩证统一，于是乎，感知、捕捉、变替循环往复的流变中，天、地、人交融冲撞，动态能力就在这过程中诞生、发挥、变化着。

第三编

创变制胜

一汽 - 大众 30 年来的持续成功，正是发展中不断提升动态能力、发挥动态能力的结果，在四个历史阶段（1988—1996 年筹备起步期、1996—2006 年夯实基础期、2006—2017 年全面发展期、2017 年至今深化创变期）中循环往复、迭代更新，有时显于创变，沿着感知、捕捉、转型三步走，有意识地发动大规模变革；更多时候隐于时变，通过各体系、各环节的细微改进，与时迁移，见微知著，以小总大，积少成多、聚沙成塔，最终形成领先行业的动态能力优势，并在良性循环中自我强化。

"重人和以应天时"，筹备起步期（1988—1996 年）的一汽 - 大众在人和的驱动下响应天时，从洽谈合作、研究制订方案，到白手起家搭建起生产体系，从无到有，从零到一，筚路蓝缕，应变从宜，开基创业。由动态能力形神初具，直至一座具有大规模量产能力的现代化汽车工厂拔地而起。

20 世纪 80 年代国内市场的巨大产销缺口，使得中央政府下定决心要在国内扶持"三大三小"为代表的现代汽车工业，更先见地赋予合资模式政治合法性。采取与掌握先进技术的优秀外资车企合资办厂的方式，已成定局。一汽管理层也敏锐觉察到中国本土市场在改革开放历史进程下的巨大潜能，积极探索各种建设现代化汽车工厂的可能性。在国家支持资源有限的情况下，谁能抢占先机，谁就能迅速崛起。就在这时，德国大众凭借其品牌、技术优势和诚意在众多潜在合作对象中脱颖而出。中德双方一拍即合，一汽 - 大众应时而生。

白手起家，从 0 ～ 1 的创业是最艰难的重头戏，这时人和提供了巨大推动力。在当时，15 万辆产能的工厂可谓前无古人，与德国大众的合资谈判更是巨大难题。但一汽人以不畏艰难的创业精神，争分夺秒，一鼓作气在一年半内敲定项目可行性方案；而在谈判桌上，一汽人围绕投资额、股权比、设备国产化等核心问题与德国大众周旋，寸土必争、分毫不让，更不花一文地将价值两千万美元的美国威斯摩兰工厂的先进二手设备收入囊中，进一步加速了项目上马的进度。这一过程展现了一汽人高超的谈判技巧和商业智慧，最大限度实现了结果与效率的平衡，为国家争取到了利益最大化。而在举措落地阶段，人和再次成为巨大的助力。一汽 - 大众最早的一批员工由母公司一汽调任而来，他们继承了老一辈一汽人的自强不息、拼搏敢为的文化精神，在极其有限的资源下实现一个又一个的奇迹：在"边建设、边生产、边国产化"的"三边战略"指导下，从威斯摩兰工厂海外拆装搬迁到二手"万国模具"的整体调试和改装，从采购、生产、质保标准化建设到打造围绕 SAP 系统的信息化管理，一系列体系的初创以及在创立过程中培养起的优异的动态能力，正是日后一汽 - 大众成长的基础。

"造地利以占天时"，夯实基础期（1996—2006 年）的一汽 - 大众通过重塑地利以抢占天时，因势创制，变中求实，在生产、营销、质保、采购、人力等体系上发力，从而建立起完整的能力体系，动态能力也在稳健的创变步伐中不断得到锤炼，既响应了市场发展，更引领着行业迈步前进。

这一时期，中国汽车市场面临两大变化，一是 1994 年汽车产业政策的出台推动了私家车的发展；二是高端轿车市场的兴起。一汽 - 大众虽然通过前几年的努力草创体系，但和国外相比仍有差距，更无法满足高端轿车的生产要求。为响应国家汽车政策，同时也为了抓住高端轿车市场，更是为了改善企业效益，一汽 - 大众计划引进高端品牌奥迪，并以此为契机全面提升体系能力。

一汽 - 大众首先重整资源，对生产、质保、营销、人力等体系进行升级。生产体系上，一汽 - 大众引进奥迪 APS 现场管理方法，利用

IT 系统，整合生产计划、生产控制、物料筹措、预批量管理和物料管理，打造"面向未来的生产管理系统"；质保体系上，"全员效率型维修（TPM）"理念的引入将零部件尺寸精度拔高一整个量级；营销体系上，以用户体验为核心而构建的全国 4S 店销售网络，逐渐成为中高端品牌营销的强大支撑；人力体系上，德国大众 AC 测评体系的引入为核心人才提供上升通道，显著调动了人才积极性。生产、质保、营销、人力体系的全面升级重新整合了一汽 - 大众的内部资源，不仅支撑起高端品牌奥迪的生产销售基础，更将全新的体系能力应用到其他品牌及车型，一汽 - 大众也因此占据新的竞争优势，成为中国高端轿车市场的先驱。

然而，随着消费者日渐成熟以及消费持续下沉，产品性价比逐渐成为车企间比拼的关键要素。一汽 - 大众意识到，只有进一步整合内外资源，打造高性价比产品，才能持续性地领导全国市场。

提高产品性价比的关键在于降成本，一汽 - 大众同样从体系能力入手，首先在原有零部件体系上进行新部件开发和试验，生产出适合中国市场的新产品，并大力扶持国内供应商，帮助提高国产零部件的质量和生产效率，提升国产化率以降低成本。而在采购体系上，一汽 - 大众也引入德方三种采购新办法以降低采购价格，并通过"远期交易"等金融手段抵消汇率的波动，进一步控制采购成本。正是由于建立起完整的能力体系，一汽 - 大众得以进一步强化动态能力，再次提升在大众市场的竞争力，巩固其行业领头羊的地位。

"积地利、明人和"，全面发展期（2006—2017 年）的一汽 - 大众深明厚积方能薄发，于是在这 10 年间苦练内功，开疆拓土，全面发展，强化战略能力，在系统性战略引领下，乘着时代之风扎根神州各地。

国家"十一五"规划提出的"区域协调发展、工业结构优化升级"为区域工业发展提供了政策支持。此外，虽在秦焕明总经理任上已力排众议兴建二厂保障产能，到 2006 年产销量已达 35 万，但和全国整体超过 500 万辆的总产销相比，成长空间依然巨大。因此，一汽 - 大众的当务之急是响应国家政策，走向全国，扩大生产的同时在销售上也打入区域市场。

一汽 - 大众紧锣密鼓地开始了"创辟"全国的步伐。在西南的成都，一汽 - 大众建立起首个异地整车制造基地，不仅响应了"西南大开发"的号召，还利用零地价、三年税收优惠等政策支持，首创"汽车产业园区"，以优化供应链、降低成本。而在广东佛山，一汽 - 大众也开始了"智能工厂"的探索，在佛山智能工厂持续探索工业机器人、大数据为载体的智能生产与运营，同步优化效率、质量和成本。此后，为了进一步扩大生产并填补区域市场空白，一汽 - 大众更是连续落地了华东青岛和华北天津两座工厂。中德双方股东前瞻视野，占据中国最发达的经济带，四大外埠工厂的建立不仅增加了产能，更实现了强化区域销售、优化生产成本、降低运营风险的战略意图。

在 20 年的发展历程中，一汽 - 大众优异的动态能力在不断的创变与时变中常常显现，也随之进化升级，螺旋上升，此时系统性的战略体系建设已是水到渠成，同时随着外部环境、内部管理的复杂度不断加深，这种系统性战略能力也是动态能力更上一层楼的前提条件。2011 年，一汽 - 大众正式成立战略支持部门，将全方位的战略制定纳入体系，使得动态能力的建设和发挥有了可靠的抓手，不久便操刀出炉了"2020 战略"，对未来的销量、经营水平、质量水准与社会责任作出了完备的规划，为下一阶段"深化创变"的"2025 战略"制定打下了基础。

第三编
创变制胜

"顺天时，变地利"，面对存量市场和"新四化"新趋势，深化创变期（2017年至今）的一汽-大众忘却曾处巅峰，放眼未来征途，革旧创新，大步向智能网联车载服务、共享出行和车后服务市场迈进，寻求破局。

2017年以来，相较以往更具颠覆性的变化袭向汽车市场，主要体现在两点：一是国内汽车市场迎来饱和，2018年与2019年连续两年的销量走低，标志着负增长时代的正式到来。二是汽车行业迎来百年一遇的大变局，"新四化"浪潮来势汹汹：国家汽车产业政策的鼓励与新时代消费者的硬需求，推动电动车销量屡创新高、自动驾驶与车载软件技术频繁迭代。中国成熟的互联网产业和领跑全球的5G技术更是行业的巨大助力。在中国汽车存量市场大势已定的局面下，新能源车型却有着强劲的逆势增长，引来特斯拉与蔚来等国内外造车新势力先后入场。且对燃油车严格限制的双积分政策也在倒逼传统车企转型。这意味着一汽-大众必须双线作战，快速调整产品比重。

在传统车企的"新四化"赛跑中，一汽-大众在新能源汽车上蓄势已久，布局电池技术协作与电动车研发已有10年；但作为传统制造业巨子的一汽-大众不谙互联网行业的管理模式，缺乏智能化、网联化方向的人才储备和技术掌握。

机遇挑战总是一体两面，行业洗牌已然近在眼前，变局之中，一汽-大众必须要革旧创新，成为"新四化"方面的先行者。然而若是因为发展上的急功近利将技术的主导权交出，长期来看自身的核心竞争力将被大大削弱。因此，一汽-大众决定采取行业间战略联手的形式弥补短板，在项目的合作过程中逐渐掌握核心技术。并通过成立子公司的方式，积极灵活探索IT人才的培养与管理模式，为新兴业务团队带来更多的自主性与积极性。

　　"2025 战略"应运而生，展开"新四化"的未来图卷。一汽 - 大众在电动化方面尤为迅捷，研发上建设新能源中心与 2020 年中央经济工作会议精神暗合，电气化平台 MEB 和 MLB evo 投入使用，大众和奥迪双品牌电动化战略落地。与此同时，基于"跨产业融合"的思路，一汽 - 大众携手多位行业领先解决方案提供者，或合资，或合作，深度参与项目开发的同时牢固占据合作主导地位，共同探路"新四化"前景：摩斯智联和摩捷出行双"摩"并进，一汽 - 大众还与华为、阿里、宁德时代等合作伙伴一起，构建 NEV 生态系统，为用户提供全新用车体验……随着一个个"新四化"举措的落地，"企业矩阵"逐渐成形，一汽 - 大众蝶变之势已成。

　　回首 30 年，一汽 - 大众随着时代脉动起舞，融合天时、地利、人和，不断感知、捕捉、转向，如同风力发电机的三片扇叶，迎着时代之风旋动前行，持续不断，为其发展蓄能。一汽 - 大众一次次地抓住机遇、迎接挑战，在瞬息万变的市场环境中屡攀高峰，领先市场，独占鳌头。这样的成就正是一汽 - 大众优秀的动态能力在发挥作用，究其成因，则在于一汽 - 大众独特的"创变"基因，即在动态环境中动态主动地探索、创新（"创"），最终突破自我（"变"），在不断创变中发挥、提升动态能力：第一阶段（1988—1996 年）开基创业，识变从宜，从零到一创建现代化合资车企；第二阶段（1996—2006 年）因势创制，变故易常，建立起完整的能力体系；第三阶段（2006—2017 年）开疆创辟，乘势拓变，从固守东北一隅到布局全国，从仅有年度产量计划到系统性战略引领；第四阶段（2017 年至今）革旧创新，蝶变破局，积极拥抱存量市场和"新四化"大趋势，从旧赛道变轨新赛道，从专注传统业务，转型探索智能网联车载服务、共享出行和车后服务市场，在全体系数字化变革的驱动下，朝着实现车、人、路有机融合的目标不断迈进。

"所在即是巅峰"。过去 30 年，一汽 - 大众借助优异的动态能力不断成长，或创变，或时变，才有风景独好、独立潮头的成就。掩卷深思，我们不禁要问，究竟是什么原因造就了一汽 - 大众的"创变"基因呢？其实谜底就藏在谜面上：一汽 + 大众。即，一汽与大众共同的子公司，结合了中国一汽和德国大众最优秀的基因，不仅在地利，即基础资源和体系能力上高度整合，更关键在于人和，即组织层面完美融合，从组织架构、流程，到人才管理，再到领导力和文化，无不一一交融，既保留了双方组织层面的最佳实践，又消解了双方组织上的一些不利因素。正是"人和"上的高度融合，实现 1+1 远大于 2 的效果，最终塑造了一汽 - 大众不断创变的独特能力。

第一，从组织架构和职能上看，学习德方的组织设计原则使得一汽 - 大众更加扁平化，上行下达更为通畅，更在此基础上改职能制为产品责任制，探索小团队作战模式；同时中国特色的基层党组织也嵌入其中，起到文化引领的作用，从建厂之初到"新四化"业务探索，党员们争做变革的排头兵，甚至德方的经理人员也希望能够有更多党员干部加入其负责的团队。

第二，从流程上看，一汽 - 大众吸收学习了德国大众在信息化时代的经验，作为国内第一批用户部署 SAP 等系统工具，统筹管理从研发、设计到生产再到物流、营销的端到端全流程，实现全程即时、可视、可追踪，让管理变得更加灵活机动，在这基础上更是利用中国本土丰富的数字化人才，主动开发智能化生产、物流等系统，在数字化持续赋能下，一汽 - 大众不断再造流程，实现精简环节、闭环反馈、快速迭代，让"决策者听到炮火声"绝不是口号而已，而是真实发生在一汽 - 大众每一天的管理流程中，例如定期的"合理化建议"流程就赋予基层工作者向决策人员提建议的权利。

第三，从人才管理上看，一汽 - 大众作为中外合资企业，在吸收借鉴德国大众的人才管理经验的基础上通过对人才激励制度的不断变革，有效摆脱了传统国企的员工激励困境。建立伊始从综合考虑岗位和员工发展等因素初步确立薪酬激励制度，到此后又以一次次变革实现考核和激励机制优化与完善，如引入 AC 测评为技术管理人员骨干和技术工人提供发展通道；"按岗位付薪，按绩效付酬"的制度改革实现激励机制向以"绩效"为核心的转变；两次"全体起立、竞聘上岗"的人才岗位匹配双向选择更有效打破企业内部"铁饭碗"的观念，"可上可下"，"有为才有位"成为全员共识。

第四，从领导力上看，在于"变革"与"平衡"：一汽 - 大众吸收了中德双方最具变革精神的管理模式，并且形成良性循环，使得思想僵化、抗拒变革者没法长期留存，同时中国文化中追求平衡的管理智慧也保证变革能够被广泛接受，"守正出奇"讲究的是，在变革时关注秩序，在秩序中强调变革，将个人发展需要同企业愿景更有机结合起来，如让经理人员主动设置挑战目标，再由经管会确认后给予大力支持，做到"上下同欲者胜"。

第五，从文化上看，中德文化双融在一汽 - 大众尽显无遗：一汽人拼搏、吃苦耐劳、实事求是的精神与德国大众严谨细致、追求完美的文化碰撞融合，共同构筑了一汽 - 大众的灵魂：学习包容、拼搏进取、合作共赢、严谨求实、勇于创新。相比于其他合资企业，一汽 - 大众管理层与全体员工能够长期秉持合作共赢的价值理念：始终"用做加法的心态"增加共同点，充分实现双方优势互补。同时，将这种文化理念运用于企业内部经营管理中，实行充分授权，推行包容创新，促进跨部门协同，不断完善企业文化建设。

一汽 - 大众的发展历程折射出中国汽车市场过去 30 年的辉煌成就，从几乎没有量产汽车能力的状态，一跃成为产量、销量稳居世界第一的超大规模市场，可谓是汽车史上的奇迹。今天，汽车市场风云变幻，新技术层出不穷，竞争者不断涌入，过去的辉煌固然值得赞叹，但对未来充满敬畏，保持危机意识，放下历史光环，才能更加坦然应对、迎接未来。如果不能及时发展、发挥动态能力，纵使有丰富的资源，庞大的体量，占足了"地利"，未来也难下定论。基于企业动态能力理论的理解和对汽车市场的深入观察，我们进而又得出了三点思考。

天时将变化更为迅猛。技术变革将有可能会疾风骤雨、爆发式地发生。历史上技术的变革都经历过类似的阶段，从一开始的缓慢增长，新技术持续迭代优化，等到了某一个技术奇点，新技术将显著优于旧技术，此时往后的新技术普及就会呈现井喷式的增长，旧技术迅速地消失于历史长河中，比较典型的例子就是数码相机之于胶卷相机、智能手机之于功能机。

天时变化将更为深刻。消费者对于汽车产品的想象、品牌的认识正在发生深刻的变化。智能化可能对于消费者需求的影响比电动化更大，汽车不再只是代步工具，更是一个集成了娱乐、办公、生活等功能的平台，消费者的需求正从硬件上的需求向软硬件结合的需求迁移，软件未来可能成为决定产品吸引力的最大因素，车载系统很可能成为产品差异化的主要着力点。

固有的地利不再能保证成功，人和才是制胜关键。汽车制造中公认最难以逾越的技术门槛在于动力系统，如果动力系统的制造推倒重来的话，新能源车企很有可能在短时间内在整车技术上达到接近传统车企的水平。同时，造车新势力可以通过从传统车企挖人、复用传统车企供应商的方式快速弥补技术差距。狭路相逢"快"者胜，在市场瞬息万变之际，只有不断探索、突破自我，才能先人一筹。企业家的"冒险"精神、变革型领导力、敏捷的组织架构、包容创新的文化、数字化赋能下持续的流程再造、以鼓励创新为导向的人才管理机制等，决定了企业动态应变的速度，才是这个变革时代唯一可以凭借依仗的。

"新四化"是百年来第一次真正能够颠覆全球汽车行业的革新趋势，新的入局者攻势猛烈但立足未稳，传统强势车企的护城河似乎也不再坚固：自动驾驶技术的日渐成熟使得乘用车极有可能成为类似手机那样的软件载体，产品更新更集中在软件的更新换代上，软件系统开发的能力将成为车企竞争的"上甘岭"，甚至有可能引来互联网巨头的跨界竞争用户触点。同时，依托中国的政策支持与技术优势，中国车企第一次拥有参与行业规则制定、引领国际潮流的机会。在新一轮产业变革中展望未来，百年前那次汽车革命的引领者，亨利·福特的话现在同样发人深省："如果当初让我去问顾客他们想要什么，他们只会告诉我'一匹更快的马'！"优秀的企业既要善于及时敏捷跟随潮流、把握需求，更应善于打破形式桎梏、创造需求。正如史蒂夫·乔布斯所提示给我们的："人们不知道他们想要什么，直到你展示给他们。"

2020年是"十三五"规划收官之年。在统筹国内国际两个大局、统筹疫情防控和经济社会发展的实践中，尤其突显了中央具有决定性作用的判断力、决策力、行动力。2020年12月召开的中央经济工作会议指出，科学决策和创造性应对是化危为机的根本方法，只要准确识变、科学应变、主动求变，就一定能够在抗击大风险中创造出大机遇。回首三十载峥嵘岁月，我们可以清晰地看到，一汽-大众正是在

创变上大处落墨，于经年间铁杵磨成针，发奋进取，砥砺前行，最终
获得了时至今日的长足发展，取得了令人称羡的巨大成绩，也抢得了
面向未来的宝贵先机。

"林无静树，川无停流"，在当今日益复杂多变的经营环境下，一
汽 - 大众的创变与启新，也正给予那些渴望变故出新、自强发展的企
业以深刻的启示。

参考文献

[1] Teeced J，Pisano G，Shuen A. Dynamic Capabilities and Strategic Management[J].
Strategic Management Journal，1997，18(7)：509-532.

[2] 马浩 . 战略管理学 50 年——发展脉络与主导范式 [J]. 外国经济与管理，2017，
39（7）.

[3] 李平，杨政银，陈春花 . 管理学术研究的"知行合一"之道：融合德鲁克与马奇
的独特之路 [J]. 外国经济与管理，2018，40(12)：28-45.

后记
POSTSCRIPT

　　在本书的创作过程中，主创团队成员们披星戴月，耕耘不辍，凭借雄健笔触将中国汽车行业引领者的前行印记描绘于一帙卷册。而全书的鲜活生动更离不开一汽集团和一汽 - 大众的各位汽车人对企业发展的深刻洞察和在访谈中的知无不言。

　　十数万言，精心结撰，立意高远，亦难尽企业全貌及企业家的思考，特将在书籍创作中接受采访的汽车人们尽书于此，以表由衷谢意！他们是：

陆林奎　张丕杰　刘亦功　刘延昌　施安德（Dr. Andre Stoffels）
迪亚德（Andreas Dick）　董修惠　李志宏　张　明　李松梅
于东海　张铁斌　窦恒言　高大伟　张之昧　孙惠斌　门　欣
王立军　赵英如　李　丹　黄　杰　梁　梁　白志强　彭德松
刘　巍　张　博　程小锋　张勇攀　陈　昊　朱　进

《创变·启新——一汽 - 大众三十年》主创团队